JN041904

教師のための「後回しにしない」仕事の鉄則

田中翔一郎 著

明治図書

まえがき

私たち教員は、いったい何のために「教員」になったのでしょうか。膨大な教育委員会への書類を提出するため？　長い時間職員会議をするため？　職員室で探しものをするため？　苦労して学校徴収金の管理をするため？　割り振られた校務分掌を日々こなしていくため？　職員の人間関係に悩むため？　月曜日からの怒涛の日々に備えて土日は寝だめをするため？　いいえ、決してこのようなことをするために、私たちは教員になったわけではないはずです。私たちが教員になった目的、それは「子どもたちと向き合い、教育を通して子どもたちの成長の一助となるため」だったはずです。

しかし、教員は多くの業務を抱えています。働き方改革関連法が公布、施行されてから数年が経ちましたが、いまだに教育界は遅々として働き方改革が進んでいない様子が見受けられます。なかなか子どもたちと向き合う時間をとれていないという現状は、多くの学校で見られ、課題となっているのではないでしょうか。

そこで必要なことは「セルフ働き方改革」です。業務は「しなければいけないこと」と

「した方がよいこと」と「しなくてよいこと」の3つに大きく分けられます。いかに「しなければいけないこと」を瞬時に終わらせるか。いかに「した方がよいこと」の選別をするか。いかに「しなくてよいこと」を捨てていくかが大切なのです。つまり優先順位と取捨選択が重要になってくるのです。

こんなことをいう私も、若手の頃は「何やったらでききんねん」と言われるほどのポンコツぶりを発揮していました。1か月の残業時間も100時間を超えていました。そんな私が、「めちゃめちゃ仕事できますね！」と言われるようになり、研究主任とICT推進担当を担っても残業時間が10～20時間ほどになりました。

本書では、セルフ働き方改革をするにあたってのキーワード「後回しにしない」仕事の鉄則を、私の経験や実践を踏まえて紹介します。100項目用意しているので、ぜひご自身に合ったものを取り入れていただき、本書が子どもと向き合う時間を増やす一助となれれば幸いです。

目次

2章　「後回しにしない」整理整頓の鉄則

3章 「後回しにしない」事務処理・校務の鉄則

4章　「後回しにしない」学級経営の鉄則

5章 「後回しにしない」教材研究・授業準備の鉄則――

6章 「後回しにしない」人間関係・自己成長の鉄則――

1章

「後回しにしない」マインドセットの鉄則

100

鉄則 1

意思の弱さを自覚する

後回しにするのは誘惑に負けたとき

「お風呂に入らないといけないけど、あとちょっとだけスマホ見てから……」と、お風呂を後回しにしたことはありませんか。早くお風呂に入った方がよいことはわかっていても、どうしても後回しにしてしまいます。なぜそうなるのでしょうか。答えは簡単で、誘惑に負けてしまっているからです。そしてこれは、何度も同じ失敗を繰り返してしまいます。それは、知らず知らずのうちに、「自分は意志が弱い」という事実に蓋をしてしまっているからではないでしょうか。さらには「スマホの通知がきたからしょうがないな」と、自分を正当化してしまうこともあるのではないでしょうか。実は、「意志が弱い」のは自分だけではなく、「みんな意志が弱い」のです。

≫ 意志の弱さを自覚することがはじめの一歩

私たち教員は授業の最後に、子どもたちに「振り返り」をさせることも多いのではないでしょうか。それは、授業を通して自分が何を学んだかを子どもが自覚する活動です。それは、教員である私たちにも大切です。お風呂に入りながら「通知がきたことを言い訳にスマホをさわってしまったな」と自覚する必要があるのです。R-PDCAサイクルがR（リサーチ）から始まるように、**「後回しにしない自分」になるためには、自分をリサーチする必要があるのです。**

大丈夫です。意思が弱いのは自分だけではありません。あの尊敬する先輩も、ライバルである同僚も、この本を書いている私も、みんなみんな意思が弱いのです。それでも、これを自覚したときから、誰でも「後回しにしない」教員に変われるのです。

Point

意思の弱さを自覚した人が「後回しにしない」教員になれる

鉄則 2

明日に期待しない

≫明日は何が起こるかわからない

「明日の授業準備は、明日の朝にしよう」と思って退勤したのに、翌朝電車が遅延していた！　や、出勤後すぐにクラスでトラブル！　など、イレギュラーなことが起こったことはありませんか。明日は何が起こるかわからないのです。

≫明日の自分に期待しない

仕事を明日に後回しにしてしまう原因は、明日の自分に期待しているからかもしれません。なぜか明日の自分は今日の自分よりもやる気があって、仕事ができそうな気がしてしまいます。もしかしたら、明日の自分は明後日の自分に後回しにしてしまうかもしれないのに。明日の自分も、今日の自分と大して変わらないし、明日の自分に責任を回しても、結局そのつけを払うのは自分でしかないのです。

仕事のスピードと質も違う

子どもの頃、テレビゲームを買った「その日」が一番わくわくしていたし、集中してゲームに没頭していたのではないでしょうか。「この仕事をしたい」と思ったときに、その仕事のモチベーションは一番高くなっています。高いモチベーションで仕事に取り組めると、スピードも質も変わってきます。「思い立ったが吉日」ということわざがあるように、その仕事をしようと思った日が、その仕事を始める日なのです。

Point

信じられるのは明日の自分よりも今日の自分

鉄則 3

イシューを意識する

それは取り組む価値の高い仕事だろうか

懸命に取り組んでみた校務だけれど、大して物事を大きく改善・解決することができなかったことはありませんか。振り返って考えてみると、今すぐ取り組むべき仕事ではなかったと思うこともあるかもしれません。イシューの度合いが高い仕事を後回しにしてまで取り組むべき校務ではなかったのです。

イシュー（ｉｓｓｕｅ）とは、ビジネスの世界でよく使われている言葉です。その意味を調べてみると「重要な問題」「問題の核心」など様々な翻訳が見られます。あまり日本でなじみのある概念ではなさそうです。私はイシューを「解決する価値のある問題」ととらえています。後回しにするべきなのはイシューの度合いの低い仕事なのです。

教員にとってのイシューは何だろう

私たち教員にとってのイシューは「子どもたちの成長に返るかどうか」だと思っています。例えば、研究大会の発表者となり、大舞台で発表するためにどのようなスライドを作成するか、どのような読み原稿がよいか、どのくらい練習をすればよいか、という問題は、はたしてどれほどイシューの度合いが高いのでしょうか。それよりも、「担任する子どもたちの自尊感情を高めるためにどのような学級経営をするべきか」という問題の方がイシューの度合いが高いのではないでしょうか。

研究大会の発表には価値がないということではなく、よりイシューの度合いの高い問題から取り組むべきであるということです。

Point

解決する価値のある問題から取り組もう

鉄則 4

教員こそ「捨てる」覚悟をもつ

≫捨てないからあふれてくる

教室や職員室の机の中に、「いつか使うかも」と思って一応保管しているものはありませんか。そのような、いつか使うかもという考え方は、そのものを使うことを後回しにすることになり、さらには捨てることも後回しにするという、後回しの二乗になります。「後で捨てたらいい」「問題があれば捨てたらいい」と考えているうちに、どんどんものが増えてきて、教室や職員室の机の中は（もしかしたら机上も）ものであふれかえってしまいます。これはものだけの話ではなく、仕事に関しても同じことがいえそうです。「来年度も同じように……」と、校務を捨てることを後回しにしてきた結果、現在は学校の校務があふれかえってしまっているのです。

》「捨てても何とかなる」という気持ち

「捨てる」という行為は、結構な覚悟が必要なものです。なぜなら、捨ててしまうと取り戻せないからです。また人には「現状維持バイアス」という心理があり、変化することに不安を覚えるのだそうです。無駄だと思える校務でも捨てられないのはそのためです。

しかし、世の中にはミニマリストという人たちがいて、そのような人たちは案外不自由なく生活できているようです。また、近年の新型コロナウイルス感染症関連で様々な学校行事が中止になっていましたが、それでも学校運営は何とかなっています。**捨てても何とかなる校務が浮き彫りになってきたといえます。**

今こそ「捨てる」ことを後回しにしない覚悟をもちましょう。合言葉は「何とかなる」なのです。

Point

ものも校務も、捨てても何とかなる

鉄則 5

スケジュールはマクロとミクロで見通す

≫スケジュール管理はマクロから始める

月末になって来週の予定を立てていると、とても重要な校務がもう直近に迫っていた！ということはありませんか。重要な校務を後回しにしてしまうのは、スケジュールをミクロで立てていたことが原因です。私たち教員にとってのマクロは「年」や「学期」が単位となり、ミクロは「月」や「週」が単位となると考えています。先ほどの後回しは、「学期」というマクロで見通していたら、避けることができていたはずです。

マクロで見通しをもてたら、次に逆算をしてミクロのスケジュールを立てます。もちろん、いつ、どのような校務が突発的に発生するかわからないので、スケジュールにはゆとりをもたせることも大切です。

私は左図のように、現在地から校務締切までの期間を3～4分割して、どこで何をするか、どこまでに何を終わらせておくかを決めておきます。さらには、少し早めに終わるようにしておき、ゆとりをつくります。こうすることで突発的な校務にも対応できますし、修正や微調整をすることもできます。**年↓学期↓月↓週とマクロからミクロへスケジュールを立てて**いき、重要な校務を後回しにしない計画を立てましょう。

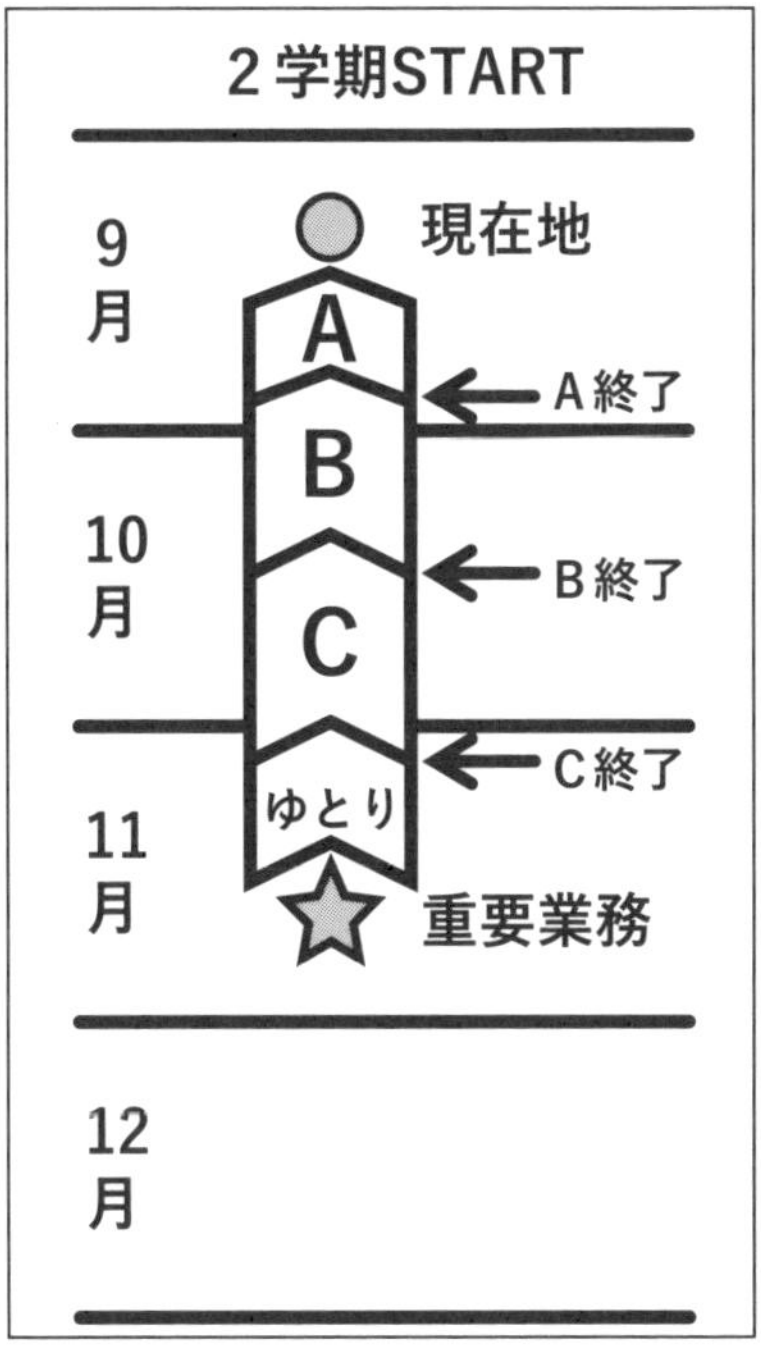

Point

まずは逆算するべき校務をチェックしておこう

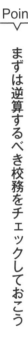

鉄則6

「やる気」ではなく「習慣」に頼る

≫「苦」は続かないが「楽」は続く

筋トレが続かない。禁煙が続かない。読書が続かない。勉強が続かない。始めようと思ったときには「やる気」に満ちあふれていたのに、結局行動が続かなかったことも多いのではないでしょうか。一方で、スマホをさわる、お菓子を食べる、SNSや動画を見る、漫画を読む、ということは難なく続けられるのではないでしょうか。筋トレのような「苦（苦しい・苦手）」の行動は、何かできない言い訳を探してやめてしまいますが、スマホのような「楽（らく・楽しい）」の行動は意識しなくても続けられてしまうのです。「苦」の行動は、はじめの「やる気」に頼ってしまいがちですが、いかにして日々の習慣に取り入れるかが重要となってきます。

≫習慣化の鍵はやっぱり「楽」

後回しにしてしまいがちな仕事は、学習指導案の作成、大きな行事の実施案、苦手な人への連絡など、「苦」であることが多いのではないでしょうか。**後回しにしない習慣をつくるためには、その行動を「楽」にシフトチェンジさせる**ことが大切です。

学習指導案や行事の実施案などは、日時だけ書いてみる（楽）。苦手な人への連絡ができたら、帰りにコンビニで好きなお菓子を買う（楽しみ）。このように、はじめは小さいことから始めたり、自分への報酬を用意したりすることで「楽」を実現してもよいと思います。そうしたら、どんどん「後回しにしない」習慣が身についてきます。

Point

習慣化が難しいことは「楽」へとシフトチェンジを図ろう

鉄則7

やらない言い訳をつくらない

≫やっぱり人の意思は弱い

前項にも書いたように、人はどうしても「苦」から逃げてしまうようになっています。それはやはり、人の意思が弱いからです。「苦」を後回しにするとき、きっと「今は忙しいから」や「ちょっとつかれているから」というできない理由、つまり「やらない言い訳」をつくってしまっているのではないでしょうか。

しかし、後回しというのは〈理由・原因→結果〉という流れではなく〈結果→理由・原因〉という流れで起きています。つまり、結果的に後回しにしたいから、そのための理由や原因を探そうとしているのです。

≫できる方法を考える

孟子は「能《あた》わざるに非《あら》ず、為《な》さざるなり」という言葉を残しているそうです。「できないのではなく、やらないいだけなのだ」という意味です。**結局何かを後回しにしてしまうのは、できないのではなく、すぐやらないだけなのです。**

しかし、人の意思は弱いものなので、やる気に頼るのは難しい。そこで「どうしたらすぐにできるかな」と考える習慣をつくることが大切です。後回しにせず、今すぐするための習慣をつくり、今すぐするための方法を考える習慣をつくることで、行動面と精神面の両方を「後回しにしないモード」にしていくのです。つまり、やらない言い訳を考えるより、できる方法を考える習慣をつくることが大切なのです。

Point

やらない言い訳を考えるより、できる方法を考えよう

マインドセット
整理整頓
事務処理 校務
学級経営
教材研究 授業準備
人間関係 自己成長

鉄則 8

成果の8割は、重要な2割の仕事で決まる

》完璧主義は後回し

パレートの法則というものを知っていますか。これはマーケティングの用語で「売り上げの8割は、2割の顧客が生み出している」という法則です。この法則は、我々教員の仕事にも転用できることだと感じています。つまり、1つの仕事の重要な2割が終われば、もうその仕事の成果の8割が出ているといえるということです。

「後回し」と、どのような関係があるかというと、8～10割の完成度をはじめからめざそうとすると、やる気を高めたり、取り組みのための準備を整えたりと、動きだすまでに時間がかかります。そうすると、どんどん仕事にとりかかるのが後回しになってしまって、結局締め切りに追われて8～10割の完成度には届かないことがよくあります。完璧を求め

ようとすると、どんどん仕事を後回しにしてしまうことになります。

そこで、**「とりあえず2割の完成度をめざす」というマインドをセット**します。はじめから高い完成度を求めていないので、やる気も準備も必要なく、すぐに目標を達成することができます。

これには、重要な2割を見極める視点も必要となってきますが、とりあえず2割だけ取り組んでみるという気持ちで、後回しにせずに挑戦していく習慣をつけていくことをおすすめします。

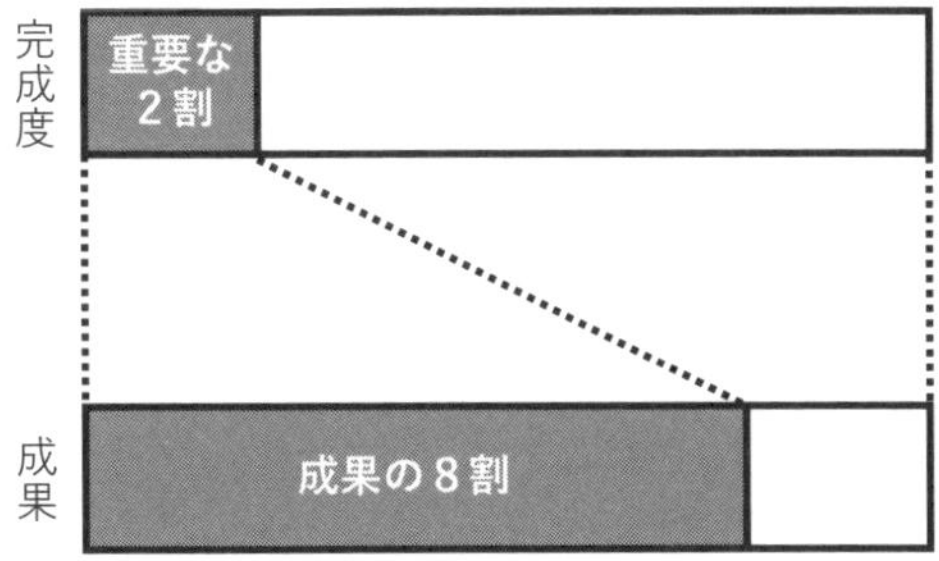

Point

完璧主義ではなく、適当主義で後回しをなくそう

鉄則 9

「やりかけ」を恐れない

≫あえて「やりかけ」状態で置いておく

一度校務に手をつけると、きりのよいところまでやってしまおうとしていませんか。そうすると、校務にとりかかるときは、きりのよいところまでしなければ気がすまないという仕事の癖がつきます。はじめの一歩が超大股になってしまうのです。それでは校務にとりかかるためには、気合ややる気が必要になり、気が乗らないときはその校務を後回しにしてしまいます。逆に、**あえて「やりかけ」状態にしておこうという気持ちで取り組む**ことで、はじめの一歩が小さい一歩になり、校務にとりかかりやすくなります。また、やりかけの状態が気持ち悪くなり、「早くとりかかりたい」という気持ちになったり、気になって校務自体を忘れることを減らせたりします。そうした心理的な現象をツァイガルニック効果というそうです。

学習指導案や資料も「やりかけ」で一度見せてみる

学習指導案や研究発表の資料、通知表の所見などは、ほぼ10割作成して担当者に見せたところ、全体を大きく修正しないといけない事態になることも少なくありません。そのような校務も、やりかけの状態で見てもらうことをおすすめします。前項のように、まずは2割程度を作成して担当者に見せます。そうするとほとんどに修正が必要だったとしても、2割の分量を修正すればよいので、時間のロスも労力も最小限ですみます。「やりかけ」を恐れずに、まずは小さな一歩から取り組んでみてはいかがでしょうか。

Point

あえて「やりかけ」をつくることで後回しを防ごう

鉄則10

教員が後回しにしてはいけないもの

見極めよう

後回しにしないためには、目の前の校務は0秒で手をつけて、一瞬で終わらせることが基本です。しかし、校務は次から次へと目の前に出てきます。ひたすら手をつけていくと、優先順位を間違えてしまうことがあります。後回しにしてはいけない校務の見極めを間違えると、取り返しのつかないことになってしまいます。

後回しにしてはいけないもの

私の、「絶対に後回しにしないもの」を紹介します。もっとも優先順位が高いものは「子どもの健康に関すること」です。体調不良やケガを子どもが訴えてきたら即対応します。もちろん保護者への連絡も迅速にする必要があります。また、「生徒指導に関すること」もかなり優先順位が高いです。生徒指導の問題が起これば、何よりも優先して対応します。こちらの対応が後手に回ると問題が肥大化、複雑化する場合が多いのです。保護者への連絡も、可能であれば子どもが下校して家につくまでにします。また、子どもと一緒に下校し、家庭訪問をすることも考えられます。

このように、**何よりも優先されるものは、体調不良や生徒指導などの「子どもの問題に関すること」と、それに付随する「保護者への連絡」**です。授業を通して子どもたちの資質・能力を育むことが教員の本分ですが、保護者から子どもたちを預かるのですから、子どもにとっても保護者にとっても安心で安全な学校生活を実現することが我々教員の責任でもあるのです。

Point

安心で安全な学校生活の実現が最優先

鉄則 11

通勤中も脳内を活用しよう

≫通勤中は脳の準備運動を

通勤中はあまり仕事のことを考えずに、音楽を聴いたり読書をしたりしていませんか。もちろん、通勤時間に何をしてもかまいませんが、私は通勤中も脳内は今日1日の予行をしています。

私は脳内でだいたい次のようなことを考えています。朝、学校についたら○○をしよう。もし無理だったら休み時間にしよう。1時間目は算数で、2時間目は……。お昼休みに□□を作成して、放課後は会議までに国語の教材研究を終わらせて……。このように**予行することで、仕事の準備運動のようなことができ、勤務開始でのスタートダッシュが格段に速くなります。**

TODOリストの作成

通勤中に1日の予行を脳内でしていると、その日にしておかなければならない校務がはっきりしてきます。それをリスト化して書き出します。さらには、それをいつするかも明確にしておきます。

例えば、学校についたら翌日の算数の授業準備をしよう。中休みは子どもたちと遊ぶからお昼休みに学習指導案の本時の目標を修正しよう。5時間目は空き時間だから委員会への提出書類を完成させよう。放課後は学年団が揃うから研究授業の本時について相談しよう。このような感じです。大切なことは、「何を」「いつするか」を明確にしておくことです。そうすることで、やることと時間が決まり、後回しにすることを防ぐことができます。

Point

通勤中に脳内で仕事の段取りを組んでおこう

鉄則 12

仮説を立てながらとりあえず行動してみる

問題解決は仮説検証の繰り返し

何か問題を解決しようとするとき、「よく考えてから」行動しようとした結果、行動が後手に回ったり、結局行動できなかったりしたことはありませんか。何も考えずに行動することは避けるべきですが、「考えながら行動する」ことで後回しにすることを防ぐことができます。具体的には、**行動しながら仮説を立て、それを検証しながら最適な行動へシフトしていく**ということです。

例えば、校内の教職員に1人1台端末を活用してほしいと思ったらどのように行動すればよいでしょうか。まず教職員の利用状況を調査して、その原因をとらえて、管理職と相談して、活用を推進する方法を会議にかけて……このように考えると、問題の解決はどんどん後回しになってしまいます。たしかに論理的な思考に見えますが、実際ははじめの「調査する」という段階の行動のハードルが高いため、その調査自体が後回しになってしまうことがあります。

そこで、まずは「端末を一番活用している先生の授業を参観できるようにしたらどうだろう」や「端末活用の相談会を開いたらどうだろう」と仮説を立ててすぐに行動してみるのです。そうすると、うまくいく場合もうまくいかない場合も出てきます。そこで初めて行動を考察して、また新たな仮説を立ててすぐに行動してみるのです。

論理的に考えられた行動は、一見スマートで合理性がありそうです。しかし、その論理通りに計画が進むかどうかはわかりません。未来のことは誰にもわからないのです。ただはっきりとわかる事実は、そうして論理的に計画しているということは、行動を後回しにしているということです。

Point

行動しながら修正・改善をしていこう

鉄則13

できる教師をマネしよう

≫みんなマネから始まる

○○主任もして、□□担当もして、さらに△△までやっているのに、なんであの先生は仕事が早いんだろう⁉　と思ったことはありませんか。校内を見渡せば、なぜか異常に仕事が早い先生が１人２人います。きっとその先生は仕事を「後回し」にしていない先生でしょう。そして、後回しにしない教員になるためには、そのような先生が校内にいたらすぐにマネをしてみることをおすすめします。朝の様子、授業中の様子、休み時間の様子、会議中の様子、放課後の様子、机回りはどうか、保護者対応はどうか、授業準備はどうかなど、あらゆるところをマネしてみるのです。私たちが何かを始めるときは必ずマネから始めます。後回しにしないためのマネから始めてみるのです。

≫ プライドは捨てた

目的達成のためには、変なプライドを捨てる必要があります。私は「子どもたちと向き合う時間をつくる」ことを目的として、変なプライドは捨てて**「仕事が早い人がいたら年下や後輩でもマネする」ことで、自分の働き方を改革しました。**

教員は「私のやり方があるから」と、他人のやり方を受け入れたり、自分を変化させたりすることが苦手な人が多いような気がします。特に、プライドが高いと、年下のやり方や考え方を受け入れることが難しくなります。しかし、年下や後輩でも、とてつもなく仕事が早い教員がいます。そうした教員からもどんどん仕事のやり方を吸収して、自分のものにしてみてください。きっと、後回しにすることがなくなり、自分の目的の達成までの道のりが短くなることでしょう。

Point

仕事が早く「後回しにしない」人のスキルを吸収しよう

鉄則 14

大きな仕事は因数分解する

ハードルは下げる

労力の大きな仕事を任されたとき、早めに始めればよいとわかっているのに後回しにしたことはありませんか。なぜそうした仕事を後回しにしてしまうのかというと、ハードルが高すぎるからです。ハードルが高いと乗り越えるための労力が必要になり、ベストコンディションのときにやろうとしてしまうのです。

因数分解する

このような労力の大きな仕事は因数分解してみましょう。ドラクエで小さなスライムが集まってキングスライムというモンスターになることがあります。**キングスライムになる**

とやっかいですが、小さなスライムのときは大変楽に倒せます。

例えば運動会なら、大きく「計画案の作成」「実施までの準備」「運動会当日」「運動会後」の4つに因数分解できます。さらにそれぞれを因数分解して「計画案の作成→日程・競技内容・練習日数・時間割・購入希望物品の確認・子どもの係・委員会活動・教職員の役割と必要人数・配置計画と図面の作成……」と因数分解できます。

こうして因数分解してハードルを下げ、運動会の実施日から逆算してとりかかる計画を明確に立てるのです。「今日は日程だけやって、明日は競技内容について職員に図る書類を作成して……」と小さなスライムを倒していくのです。これは学習指導案や研究大会の発表など、大きな仕事だけではなく、授業計画や成績処理など普段から行っている校務でもいえることです。

Point

大きな校務は因数分解してハードルを下げよう

2章
「後回しにしない」整理整頓の鉄則

100

鉄則 15

長期休業中の整理整頓を後回しにしない

≫長期休業の「序盤」がキーワード

春休みや夏休みなどの長期休業は整理整頓のボーナスタイムです。誰しもが一度は長期休業に整理整頓しようと試みたのではないでしょうか。しかし、長期休業の序盤を逃したら、その期間に整理整頓することはなくなるでしょう。なぜなら、中盤はお盆、正月などのイベントが待ち受けており、終盤になると始業式や新学期の準備に忙しくなるため、整理整頓どころではなくなってしまうからです。

つまり、長期休業の「序盤」を逃してしまうと、せっかく試みようとしていた整理整頓が後回しにされてしまうのです。

整理整頓も仕事のうち

長期休業に整理整頓しようと思っていたのに後回しにされてしまう原因の1つに、整理整頓を仕事だととらえていないということが考えられます。トヨタは整理整頓も仕事の1つだと考えて「トヨタの5S」という指針を出しています。5Sとは「整理・整頓・清掃・清潔・躾」の頭文字をとっています。

我々教員は、夏休みなどの長期休業期間も勤務日になっています。有休をとって休養することも、研修を受けて研鑽することも大切です。しかし、整理整頓も仕事のうちだととらえて、スケジュールの序盤は「整理整頓」で埋めるようにしましょう。次の項目からは、具体的に「職員机の整理整頓の仕方」について、「整理」と「整頓」に分けて述べていきます。

Point

長期休業の最初の仕事は整理整頓

鉄則 16

整理　机上を無にすることを後回しにしない

≫不要なものの量を把握する

職員机を整理整頓しようとするとき、「不要なものを探す」ところから始めていませんか。この「不要なものを探す」という行為は、いったいどれくらい不要なものがあるのか見当がつかず、整理整頓の見通しがもてないためとても労力がかかるものです。不要なものを探さないと……と考えただけで、整理整頓が後回しになることでしょう。

まずは机の上にあるものをすべて机の中に入れて、机の上は何もない状態にしてみましょう。そうすると、机の中に入りきらないものが出てくるはずです。その**入りきらなかったものの量が、明らかになった「不要なものの量」**だと思ってください。きっと驚くほど不要なものが出てきます。

不要なものを処分する

不要なものの量が把握できたら、次はそれらを処分しましょう。処分する基準については、「19　整理　ものを捨てることを後回しにしない」で紹介しますが、「思い入れがある」や「いつか使うかもしれない」という思いで処分を後回しにすることは避けましょう。また、物品によって処分の仕方が指定されていることも多いため、適切な処分方法を確認しておく必要もあります。

今回の鉄則は長期休業で一気に職員机を整理したいときにおすすめです。今すぐにでも整理を始めたい方は、次の「17　整理　聖域をつくることを後回しにしない」を参考にしてみてください。

Point

職員机の上にものがあるのは不要なものがある証拠

マインドセット
整理整頓
事務処理
校務
学級経営
教材研究
授業準備
人間関係
自己成長

鉄則 17

整理　聖域をつくることを後回しにしない

≫聖域＝ものを置かないスペース

長期休業まで待たずに、今すぐ整理を始めたい場合は、**ものを置かないスペース「聖域」をつくり、それを少しずつ広げていく**ことをおすすめします。まずは自分が座ったときの目の前を聖域にします。それだけでも、仕事スペースが生まれて、今まで以上に生産性が上がります。そこから、少しずつ聖域を広げ、その過程で出てきた不要なものを処分していきます。

何か仕事をしようとしたときに、机の上を片づけることから始めていませんか。それでは、せっかく今から行おうとしていた目的の仕事を後回しにしてしまうことになります。机の上にものがなければ、今すぐにでも仕事にとりかかれます。

Point

今すぐ聖域をつくり、少しずつ広げていこう

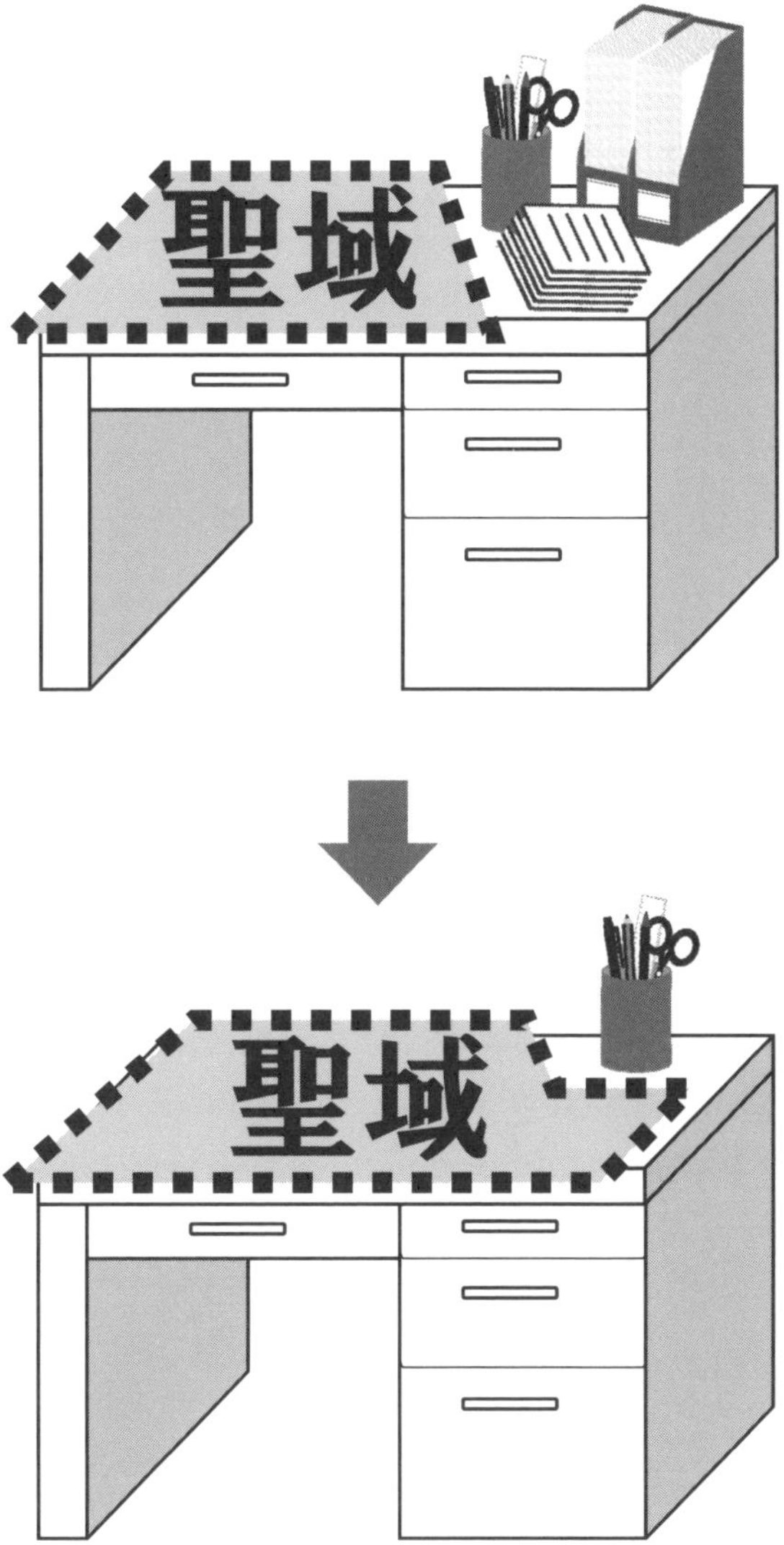

鉄則 18

整理　お菓子を後回しにしない

≫「後で食べよう」が悲劇を生む

職員室にいると、旅行に行った同僚からおみやげのお菓子をもらったり、小腹がすいた同僚がお菓子を食べるときに少し分けてもらったりすることも多いと思います。そのときに「後で食べよう」と思って引き出しにしまうことはありませんか。実はその**「後で食べよう」は今すぐやめるべき後回し**です。なぜ「後で食べよう」がよくないのか、その理由は3つあります。

1つ目は、机の中のスペースを圧迫していくということです。お菓子は個包装のものも、箱型のものも大変かさばります。2つ目は、個包装になっているようなお菓子は、その袋に賞味期限が記載されていないものが多く、食べずに捨ててしまうことがあるということです。3つ目は、おみやげでもらうような個包装のお菓子はとても探しにくく、探すために時間をとられることがあるということです。我々教員は、放課後の残された時間内で仕事をしなければならないため、ゆっくりお菓子を食べる時間すら惜しいのです。

それでは、お菓子をもらった際の対応について2つ紹介します。1つ目は、「すぐ食べる」ということです。食べることを後回しにせず、すぐに開けてすぐに食べます。実は、お菓子を渡した側も、机の中にしまわれるより、すぐに食べてもらった方がうれしい場合が多いのです。2つ目は、「すぐにカバンに入れる」つまり家にもって帰るということです。お菓子をゆっくり食べたいと思っているなら、家にもって帰ればゆっくり食べることができるし、机の中のスペースを圧迫することもありません。もし「後で食べよう」と思ったら、今すぐカバンの中に入れましょう。

Point

お菓子をもらったら「すぐ食べる」か「すぐカバンに入れる」のどちらか

鉄則19

整理　ものを捨てることを後回しにしない

≫捨てる基準がないと捨てることを後回しにする

ここまでの鉄則を実践すれば、職員机にある不要なものをあぶり出すことができます。しかし、なぜここまで不要なものがたまったのでしょうか。それは捨てることを後回しにしたことが原因の1つにあります。**捨てることを後回しにしないためには、捨てる基準を明確にしておく必要があります。**基準がないと「いつか使うかもしれない」「考えるのが億劫だから、捨てるかどうかは後で考えよう」と、どんどん捨てることを後回しにしてしまいます。

ここでは、私の捨てる基準を3つ紹介します。1つ目は、「1年以上使っていないもの」です。おそらくこれから先も使わないし、1年以上使っていないのならなくても問題ない

マインドセット
整理整頓
事務処理 校務
学級経営
教材研究 授業準備
人間関係 自己成長

捨てる基準3選

①1年以上使っていないもの

↳1年以上使っていないものはこの先も使わない可能性が高いから捨てる

例：数年前の研究冊子、特殊な色のペン、教育書、パンフレット、教材、ハンコ

②個人情報等を含まない書類

↳個人情報等を含まない書類はスキャナでPDF化し、保存して捨てる

例：行事関係の資料、校外学習の資料、会議の資料、学習指導案、校務分掌の資料

③職員室に共用物としてあるもの

↳職員室に共有物としてあるものは惜しまず使って捨てる

例：穴あけパンチ、ホッチキス、工具、文房具、手動シュレッダー、クリップボード

ということです。2つ目は、「個人情報や機密情報を含まない書類」です。すべてスキャンしてPDF化しましょう。3つ目は、「職員室に共有物としてあるもの」です。次項で紹介しますが、自分がもつ必要がないものはもたなくてよいのです。大いに共有物を活用しましょう。

Point

捨てることを後回しにしないために基準を明確にしよう

鉄則 20

整理　自分がもつ必要のないものを手放すことを後回しにしない

≫共有化しよう

自分が保有しているものは、本当に自分がもつ必要があるかどうか一度見つめ直してみましょう。例えば、ある校務分掌の担当だからといって、その校務分掌のファイルや資料などをあなたがもっておく必要はあるでしょうか。職員室に共有物としてある事務用品をあなたがもっておく必要はあるでしょうか。

もしあなたがもっていなくてもよいものがあれば、**職員室に専用のスペースを設けてそこに保管したり、もともともっているものを処分して共有物を使用したり**と、積極的に共有化を図っていきましょう。そうすることで、机のスペースを圧迫するものがなくなり、整理整頓もしやすくなります。

校務分掌関係
- 部会ファイル
- 行事関係用具
- 研修資料
- 教材カタログ

etc.

事務用品
- クリップ類
- 穴あけパンチ
- ホッチキス
- 黒以外のペン

etc.

学習関係
- 指導しない教科の指導書
- ワークシート集
- 板書の掲示物

etc.

その他
- 工具
- 職員会議録
- 研究紀要
- 学校の記念誌

etc.

私が、学校の中で共有化できると思っているものは上図の4種類です。学習関係のものは共有化することで、実践を共有することにもつながります。その他の学校に1つあれば十分なものも、自分がもつ必要はないと思っています。私も含め教員は、あれも手放せない、これも手放せないと思ってしまいがちです。勇気を出して整理していけば、大きく生産性を向上させることができるはずです。

Point

職員で共有できるものはどんどん手放そう

鉄則21

整頓　引き出しの用途を決めることを後回しにしない

引き出しはものの居住区

これまでは「整理」を中心に述べてきましたが、ここからは「整頓」を中心に話を進めていきます。ものを使った後、机にしまうときにもとの場所と違う場所に置いてしまうことはありませんか。私は、そうしたもとの場所と違う場所に置かれたものを「迷子」と呼んでいます。収納を後回しにされた迷子が出始めた机は、乱雑になっていきます。

迷子が出る原因は、職員机の引き出しごとの用途が明確でないからだと考えられます。私はその引き出しごとの用途を「居住区」と呼んでいます。**職員机は引き出しごとに居住区をはっきりと決めておく必要があります。**ここでは、私の職員机の引き出しを紹介します。私は、左の図のような分け方をしています。この中でも特に重要なものが①の引き出しです。この引き出しは便利なので、様々な種類の書類、それに付箋や文房具も、何でも入れてしまい迷子だらけになりやすいのです。しかしそれに甘えず、「その日に処理するべき書類」だけを入れるようにして、その日の退勤時には空になるようにします。①の引き出しが空になったら、処理すべき書類がなくなったということです。

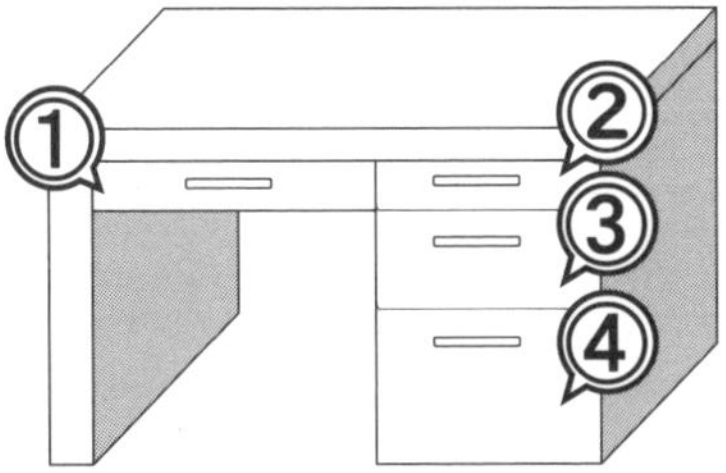

①その日に処理するべき書類を入れる
　例：会計書類、申込書、アンケート

②使用頻度の高いものを入れる
　例：文房具、穴あけパンチ、ハンコ

③かさばりそうなものを入れる
　例：衣類、衛生用品、工具

④保管用の書類、ファイル等を入れる
　例：ファイル、冊子、学習指導要領

Point

ものの迷子化を防ぐために引き出しごとの居住区を決めよう

鉄則22

整頓　ものの住所を決めることを後回しにしない

≫居住区が決まったら、次はものの住所を決める

引き出しごとの用途が決まったら、次はそれぞれのものごとの明確な収納場所を決めましょう。私はそれを、それぞれのものの「住所」と呼んでいます。**住所を決める際に押さえておくポイントは、使用頻度が高いものを手前にする**ということです。また、後述しますがきっちりとものを詰め込むのではなく、余裕をもたせることも大切です。

ここでは前の項目で紹介した②の引き出し内の住所の例と、実際の私の職員机の②の引き出しを紹介します。ものの大きさや机の規格で収納の仕方が変わると思われます。自分に合った住所の決め方をしてみてください。ちなみに、私は居住区も住所も明確なので、目をつぶったままでも必要なものを取り出せますし、もとの場所に戻すこともできます。

Point

住所を明確にして取り出し・収納のスピードを上げよう

住所の例

実際の引き出し

鉄則 23

整頓　机の中のものは重ねないことを後回しにしない

≫探しものの時間を0にして仕事を後回しにしない

みなさんは、探しものに時間をとられて、今まさに取り組んでいた仕事が後回しになることはありませんか。探しものの時間が0になれば今すぐ仕事にとりかかれるのに……。

探しものに時間がかかるのは、ものとものが重なっていることが原因の1つと考えられます。私の職員机の引き出し内は、基本的にものとものを重ねないようにしています。ものを重ねて収納すると、一つひとつ掘り返しながら底の方へ探っていくことになります。

私は、「22　整頓　ものの住所を決めることを後回しにしない」で紹介している写真のように、**ものを重ねないことで全体像が見えるように**しています。また、ファイルや書類を重ねて収納している方もいるかもしれませんが、それも避けた方がよいと思っています。

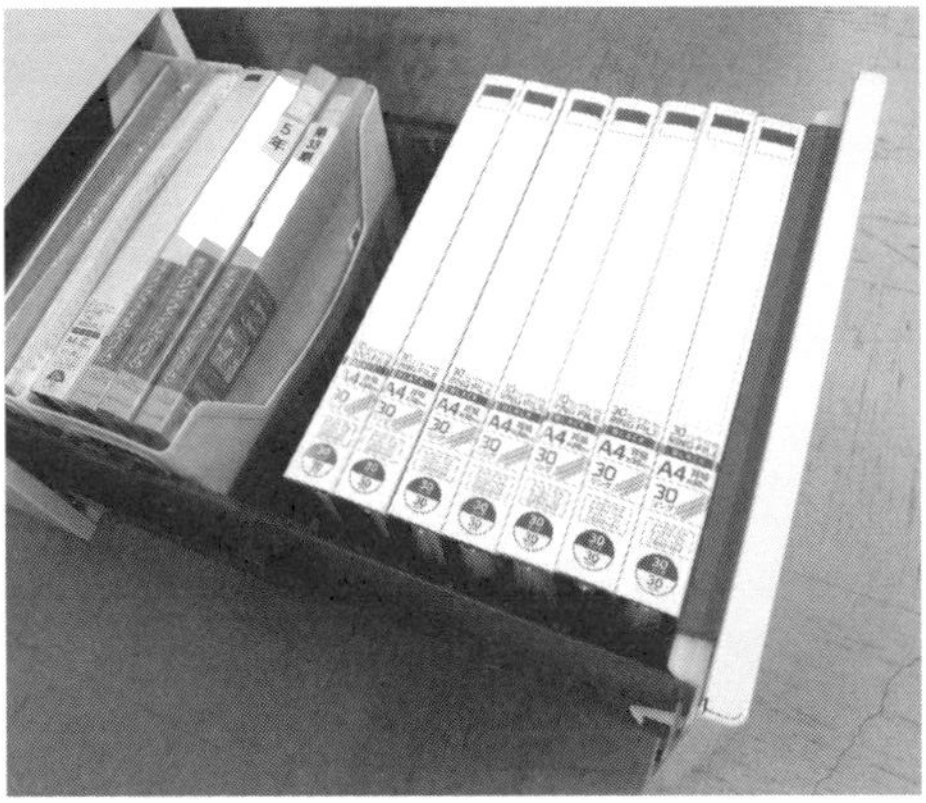

すべて背表紙にラベリングして立てて収納することで、必要なファイルや書類をすぐに取り出すことができます。もしファイルが倒れてくるようなら、ブックエンドやファイルボックスを活用することで改善することができます。ファイルはマークや色で区別できるようにするとさらに探すための時間が短縮できるようになります。

Point

ものとものを重ねず、引き出し内の全体像を把握できるようにしよう

鉄則 24

整頓　足元の活用を後回しにしない

使用頻度が高いものは足元に収納する

使用頻度が高いものは、足元のスペースを活用して収納することもできます。1回1回引き出しを開けることなく**足元からすぐに必要なものを取り出せたら、探しものの時間を0にして仕事を後回しにすることもなくなります。**ただ、避けた方がよい足元の収納方法は、段ボールを置いて、何でも詰め込んでいくという方法です。探しものに時間がかかるし、きっと捨ててもよいものまで詰め込むことになります。

私は左ページのような活用をしています。使用頻度が高いとは、「ほぼ毎日使用する」程度のことを指しています。そのため、教室にもっていくペンや名札、指導書などを中心に収納しています。また、職員机はスチール製のものが多いので、磁石が大活躍します。

Point

毎日使うものは足元に収納しよう

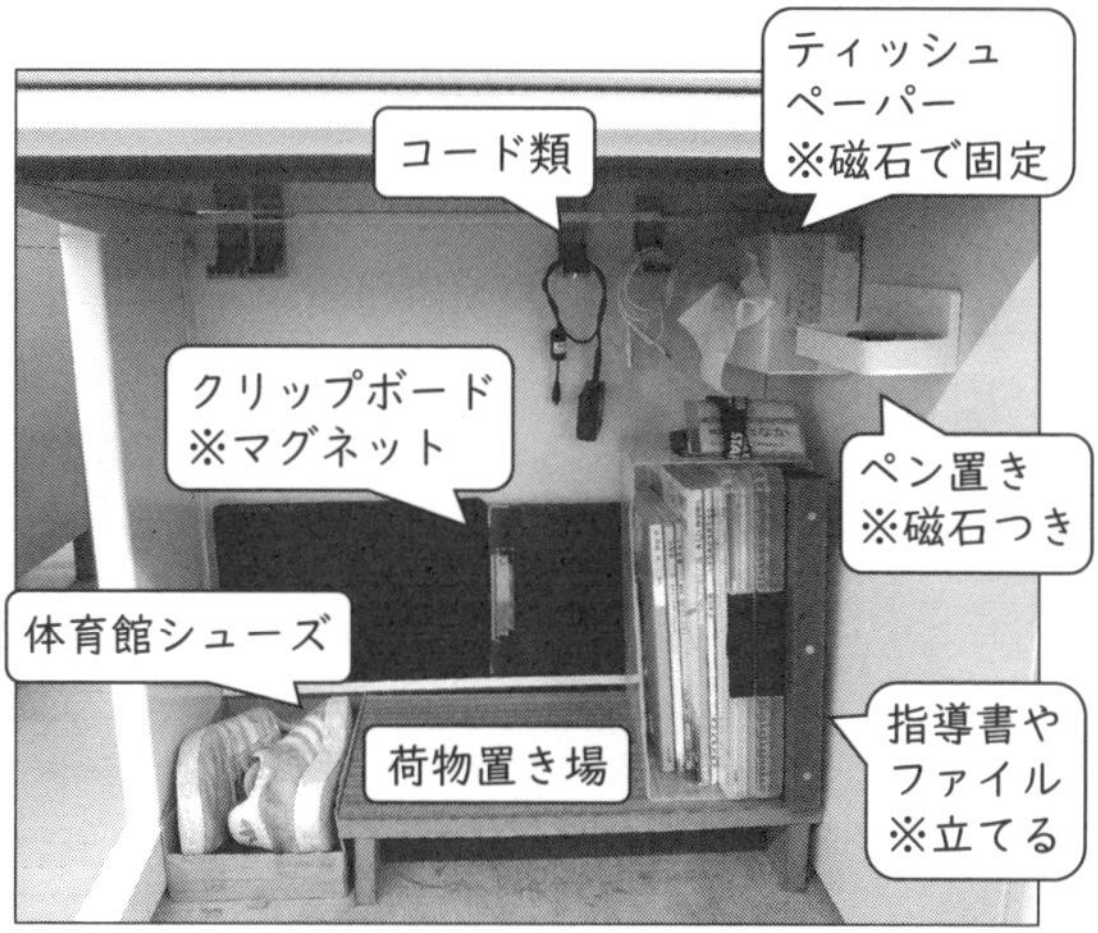

実際の私の足元

ペンを置くトレイもティッシュペーパーを挟んでいるものも、すべて磁石で壁面に貼りつけています。

さらに、空いているスペースは荷物置き場にすることで、机の上などに荷物を置くことを防ぎ、作業スペースを確保することもできます。

ただし、個人情報や機密情報を含むものは鍵つきの引き出しや、学校や自治体が指定する保管場所に保管するようにしましょう。

鉄則 25

整頓　引き出しの中のゆとりを後回しにしない

》収納は見栄えではなく合理性

「収納」と聞くと、整然とものが並んでいて、収納スペースが無駄なく活用されている様子をイメージする人も多いのではないでしょうか。見栄えとしてはとてもすっきりして見えるのですが、実は業務の生産性向上という観点からすると合理的ではないのです。

それでは、どうすれば合理的なのでしょうか。それは、引き出しの中に「ゆとり」をつくればよいのです。そもそもなぜスペースをフルで活用することが合理的でないかというと、引き出しにきっちりとものが詰め込まれているということは、新たにものを収納するスペースがないということだからです。きっとその新たなものは、机の上に転がるか、100%を超えて引き出しの中に押し込まれることになるでしょう。

≫ゆとりのなさは余裕のなさ

研究授業で例えてみると、45分間きっちり計画された授業は、研究授業の本番では時間を超過してしまうことが多々見られます。その原因は、時間的な余裕がないため、調整がきかないことが考えられます。これは職員机の引き出しにも同じことがいえると思っています。整理整頓が後回しになってしまうのは、引き出しにゆとりがないから、整理整頓をする余裕がなくなっているのかもしれません。**引き出しの使用面積は、その引き出しの面積の7~8割程度**をめざすとよいと思います。そこでも、ものを重ねずに整頓した状態で7~8割です。8割を超えだしたら、不要なものが増えたサインだととらえて、また不要物の整理を行いましょう。

Point

引き出しの使用面積は7~8割をめざそう

鉄則 26

整頓　トレイの購入を後回しにしない

お菓子の缶はNG

引き出しの中、特に文房具を整理する際に、お菓子の缶などを活用していませんか。私の経験から、お菓子の缶はおすすめできません。なぜなら、お菓子の缶は規格がまちまちで、大きさが不揃いになってしまうからです。そのため、それぞれのものに合った適切な大きさが見つけにくく、収納が乱雑になってしまいます。さらに、お菓子の缶には丸いものもあり、ものを収納することができない隙間「デッドスペース」ができてしまうこともあります。

かわいくておしゃれなお菓子の缶ですが、合理的な収納を考えるならば、残念ながら活躍の出番はなさそうです。おうちでおしゃれに飾ったり、工作の材料にしたりするなど、別の活躍の場を設けてあげましょう。

≫システム型かパーツ型か

引き出し内に文房具を収納する際は、トレイを活用しましょう。文房具収納用のトレイには、いくつかくぼみがある大きめのトレイ（私はシステム型と呼んでいます）と、小さめで箱の状態のトレイ（私はパーツ型と呼んでいます）の2種類があります。好きな方を活用すればよいのですが、個人的におすすめなのはパーツ型です。パーツ型を活用する際は、引き出しの底にすべりどめシートを敷いておくと、開け閉めの際にトレイが動くことを防ぐこともできます。

Point

自分にぴったりのトレイを探そう

3章
「後回しにしない」事務処理・校務の鉄則100

鉄則 27

9割の事務処理を後回しにしない

≫学期末の多忙は後回しにした自分のせい

配布書類の確認、アンケートへの回答、集金や会計、業者への連絡、書類の印刷、職員への連絡、提出物の確認、物品の購入・管理、会議録の作成、文書の作成・提出、メールの作成など、教員が処理する事務作業は膨大です。しかし、このような事務処理の9割は「今」すぐできるはずのものばかりです。

それなのに、このような事務作業を後回しにする人をたくさん見てきました。恥ずかしながら、昔の私も、このような事務作業を後回しにするタイプでした。そして、その後回しになった事務作業はどんどん業務を圧迫していき、気づかないうちに「何か忙しいぞ」という状況になってしまうのです。

≫5分でできるものは今すぐやる

そもそも、なぜ今すぐできる事務作業を後回しにしてしまうのか。自分を振り返ったときに原因が3つ考えられました。1つ目は、簡単な処理だから後でもできると思ってしまっていたことです。2つ目は、労力のかかる作業から始めるべきだと思っていたことです。3つ目は、後回しにした処理が重なって、後々自分を苦しめるという見通しをもてていなかったことです。

9割の今すぐできる事務処理を後回しにしないためには、こうした考え方を改めて、**5分以内に終わりそうなものは今すぐ取り組む**という基準をもっておくことが大切です。5分以上かかりそうなものでも、5分でできるところまでやってみるという気持ちで今すぐ取り組んでみるようにしましょう。

Point

事務処理こそ今すぐできる

鉄則 28

直感で答えてアンケートを後回しにしない

≫時間をかけても満足しない

私は、外食をする際に、メニューを見て注文するまでに10秒もかかりません。コンビニでお弁当を買う際も視界に入ったものを直感で選んでいます。それは**「悩んだ時間と満足度は関係ない」**と思っているからです。コロンビア大学のシーナ・アイエンガーらの2006年の研究では、就職後の満足度について、就職活動で十分分析して就職した層と直感で就職した層とでは、前者の方が満足度が低かったという結果を得ています。

何も考えずに回答することは避けるべきですが、十分に時間をかけても、「こっちの方がいいかな」「やっぱりこっちにした方がよかったかな」とさらに悩むことになりかねません。

≫一番避けるべきは何か

それでも、熟考する癖のある人は「本当にこれでいいのかな」と悩んでしまいます。しかし、一番避けるべきなのは、正確さが100パーセントではない回答をすることではなく、締め切りを守れないこと、そして子どもと向き合う時間を削ることではないでしょうか。例えば、記述式のアンケートの回答をする際に、「これではニュアンスが伝わらないかな」「もっとやわらかい表現の方がいいかな」と時間をかけて考えることは子どもたちの教育活動に返るものでしょうか。

どうしても熟考する癖のある人は、一番避けるべきなのは何かを意識することで、その時間を少なくすることができます。そして、たくさん時間をかけたからといって、満足することはないということも意識しましょう。

Point

アンケートは時間をかけるものではない

鉄則29

ICTを活用して後回しにしない

≫ICT苦手だから……は禁句

新型コロナウイルス感染症の感染拡大に伴って、全国の学校でＧＩＧＡスクール構想が加速しました。教育活動では、多くのＩＣＴ活用事例が紹介されるようになり、校務にも活かすことができます。しかし、ＩＣＴが苦手な人にとってはかなりハードルの高い取り組みが進んでいるといえます。現場でよく見られるのが「ＩＣＴ苦手だから……」という言い訳によって遅々として校務改善が図られない場面です。そういった状況を改善していくためには、まず自分がＩＣＴを活用してみることが求められます。なんだかんだとできない言い訳を探すくらいなら、できる方法を考えて今すぐに行動してみることが大切なのではないでしょうか。

≫ＩＣＴでできること

具体的に、ＩＣＴを活用してできることは何でしょうか。まずは「**共有化**」です。職員への事務連絡、学校通信や行事などの保護者への連絡、欠席連絡、欠席黒板の記入、行事予定の共有、行事の反省などの意見集約などが考えられます。次に「**効率化**」です。授業準備の改善、書類印刷の時間の削減、宿題などの課題の管理、書類の協働編集などが考えられます。そして「**時間と空間の自由化**」です。オンライン授業、オンライン職員会議、様々なデバイスからのアクセス、動画配信による研修会などが考えられます。

きっとこれからは、現在では想像もつかないような校務までＩＣＴを活用することになるはずです。ＩＣＴは「後回しにしよう」を「今すぐできる」に変えてくれるツールです。まずは活用することを目的としてでも行動に移していく必要があります。

Point

ＩＣＴで校務改善をして後回しをなくす

鉄則 30

「毎日やることリスト」をつくって後回しにしない

習慣化が鍵

本書も含めて、働き方に関する書籍や仕事術に関する書籍がたくさん出版されています。それを読んで「やってみよう」と取り組むのはよいのですが、三日坊主で終わることも多いと思われます。例えば2章で述べた整理整頓のように、毎日やろうと思っていたのに、なかなか続かないということもよくあります。

そんなときは**「毎日やることリスト」を作成して、毎日必ず視界に入るように**しておきます。「毎日やることリスト」が終わらないと帰れないようにします。はじめは意識しないとできないことも、それが習慣化すると意識しなくてもできるようになります。習慣化は未来の自分への投資だと考えましょう。

≫「毎日やることリスト」10選

それでは、「毎日やることリスト」はどのような項目が考えられるでしょうか。私の実践や、私が見てきた後回しにしない人の実践を踏まえて10選紹介します。

①1日の予定の確認　②配布物の確認　③出席簿の記録　④整理整頓　⑤児童生徒の情報共有　⑥〇〇通信の作成やホームページの更新　⑦授業の振り返り及び形成的評価　⑧教室や靴箱などの環境の確認　⑨職員机の施錠　⑩掲示板やチャット、メールの確認

ここに挙げた10選は、あくまでも一例です。自身や学校の実態に合わせてリスト化していく必要があります。スマホやメモ帳などにリスト化してもよいですが、あえてみんなが見えるところに掲示しておくことで、周りから見られているという意識を利用することもできます。そして、習慣化できたら少しずつ項目を減らしていきましょう。

Point

「毎日やることリスト」を毎日チェックしよう

鉄則 31

前年度のものを踏襲して学年通信を後回しにしない

≫ 前年度のデータを使い倒そう

学年通信には、時候のあいさつ、月の予定、行事のおしらせ、保護者への連絡などが書かれることが多いと思います。学年通信を作成する際に、一から時候のあいさつを考えたり、行事のおしらせやその内容を考えたりすると、学年通信を作成するハードルが高くなります。大きな不都合がなければ、所々を少し微調整するだけで、そのフォーマットを変更する必要はありません。特に行事に関しては、実施内容も実施時期も昨年度と大きく変わることはあまりありません。**前年度の同じ時期の学年通信のデータに上書きしたり、そのまま内容をコピーしたりして、**学年通信の作成を後回しにせず、計画的に取り組んでいきましょう。

≫フォーマットを確立する

学年通信のように、ほとんど前年度を踏襲すればよいものがある一方で、年度ごとに内容を改変していく必要があるものもあります。そういったものでも、フォーマットを確立することで、かなり作業の時間は短くなります。

学校によっては、年度ごとに書式がバラバラの書類があったり、一からつくりあげる風土があったりする場合があります。そういった場合も、フォーマットを確立させることを後回しにしてはいけません。まずは関係者に相談したり、会議で提案したりするなど、フォーマットを確立させるための行動をとります。もちろん、労力も時間もかかるかもしれませんが、今後その学校で数年勤務することを考えると、後回しにしてはいけない取り組みです。

Point

便利なものはみんなで踏襲していこう

鉄則32

イレギュラーはすぐに処理して会計を後回しにしない

≫会計処理を学期末に後回しにしない

学期末や年度末、多くの教員が残業しています。その原因には成績処理や学期・年度末の会議、報告書の作成、そして会計処理などがあります。特に、会計処理は1つ間違えれば地獄です。よくあることといえば、出納簿と通帳の記録が合わない、会計報告書通りの計算にならない、領収書や納品書が揃わないなどがあります。そして、会計処理は、期日までに問題が解決されなければ、業務を終えることができません。まさに地獄です。

このような状況が起こるのは、会計処理を後回しにしたためです。**イレギュラーなことが起こった際は、即時その場で解決なり記録なり**をしていないと、会計処理の期日近くにはどんなイレギュラーが起こったか忘れてしまうのです。

≫どのようなイレギュラーが考えられるか

まず児童生徒の転出入があります。多くの場合、転出入の際は集金や返金が必要になるため、お金の出入りが発生します。金額が確定した段階で学校指定の会計ファイルに記録、出納簿に記録、領収書の保管をします。

次に、学校行事の支払いです。宿泊学習や校外学習など、学校行事における会計処理をしている学校も多いと思います。そういった行事には欠席がつきものです。その際は返金が必要になるため、お金の出入りが発生します。行事が終わったらすぐに清算及び記録をします。また、業者が仲介している場合は、業者から明細が出たらすぐに記録します。このように、すぐにとりかかると、おかしな点や不明な点があっても、すぐに見つけて対応することができます。

Point

会計処理はその場その場で対応しよう

鉄則 33

下校後すぐに記録して出席簿を後回しにしない

出席簿は重要な保健の記録

子どもが下校したら、椅子に座って一息ついて……といきたいところですが、その前に出席簿の記録をしましょう。昔と違って、今は出欠席の記録が電子化されています。もし打ち込みが必要であれば、子どもが下校したらすぐに記録するようにしましょう。

また、依然として新型コロナウイルス感染症の猛威が続いています。新型コロナウイルス感染症のみならずインフルエンザなどの感染症の感染状況を確認するためにも出席簿の記録は重要になってきます。後でやろうとすると忘れてしまうこともあります。それに、どの子がいつ休んだかがはっきりとしないようなことになれば大問題です。出欠席の記録は保管期間が定められている公文書となります。漏れのないように今すぐ記録しましょう。

子どもが下校したらすぐすること

出席簿以外にも、子どもが下校したらすぐにすることを忘れないように、私は**週案に放課後にやることも明確に記録**しています。必要があればその都度追記していきます。

例えば、私は体調不良によって2日以上欠席している子どもがいたら、欠席の連絡をもらっていても保護者に電話連絡をします。また、友達とトラブルになったり、ケガをしたりした子どもがいたら、週案の放課後の欄に保護者に連絡するように記録しておきます。他にも、業者や施設への連絡、管理職への相談など、緊急性が高くて突発的な事柄もすぐに記録します。そのため、週案はいつも肌身離さず持ち歩いています。

特に緊急性の高いものがない場合でも、子どもたちが下校したら「まず」何をするのかを記録することで、校務を後回しにしない工夫ができます。

Point

子どもの下校後すぐにすることは週案に記録しよう

マインドセット
整理整頓
事務処理 校務
学級経営
教材研究 授業準備
人間関係 自己成長

鉄則 34

担当を決めてホームページを後回しにしない

分散もときには害悪

インターネットが普及して、それぞれの学校がホームページをもつようになりました。学校によっては、学年でホームページ担当を決めて、週に数回アップしているところもあるようです。ただ、普段校務に追われている教員にとっては、ホームページのアップの優先順位は低くなってしまい、後回しにしやすい作業です。また、アップ数も学年によって差が大きくなりがちです。担当の分散は、ときには害悪なのです。

私は、**ホームページをアップする担当は、管理職、生徒指導主事、研究主任など、学校に1人でよい**と思っています。そうすると、後回しの問題や、学年によるアップ数の差の問題を解消することができます。

公務全体のバランスを議論する

ホームページのアップのような校務を、それぞれの教員が担当すると、後回しをする「機会」を増やすことになります。そのため、可能な限り担当を分散させず、後回しにする機会を減らしていくことが考えられます。しかし、担当が1人に集中してしまうと、その1人の負担が増加してしまうため、校務全体のバランスを考える必要もあります。もちろん、独断で判断することが難しいものも多いと思われるので、会議などで議題として挙げる必要があります。

学校の安全点検のように、全職員で取り組む必要があるものは仕方がないのですが、それ以外に担当が分散しているけれど、それを少人数に集約できそうな校務があれば、ぜひ議題に挙げてもらい、校務のバランスを調整しながら後回しの機会を減らしましょう。

Point

担当を分散させずに後回しが発生する機会を減らそう

鉄則 35

取り急ぎの返信でメールを後回しにしない

≫メールをチャット化する

自分がもしメールを送って、2~3日待っても相手から返信がない場合、本当に相手に届いているか不安になることはありませんか。自分が送信側だとその不安が実感できるけれど、受信側だとこのケースと同じことをしてしまいませんか。

メールにはチャットのような既読機能がありません。「検討して、後で送ろう」と思っていると、どんどん相手は不安になります。そこで、取り急ぎ「検討させていただき、○月○日までに連絡させていただきます」と、今すぐ送るようにします。そしてメールの結語に「取り急ぎのご連絡で申し訳ありません」と添えます。**メールをチャット化して、既読したことを伝えることで相手に安心感を与える**ことができます。

堺市立〇〇小学校
△△　様

大変お世話になっております。
表題の件につきまして、検討のお時間を
いただきたいと思っております。

８月５日（金）までにメールにて
連絡させていただきます。

取り急ぎのご連絡で申し訳ありませんが、
よろしくお願いいたします。

上の文章は、私が実際に研究会のメンバーから送られてきたメールに返信した文章です。

この方は、お互いによく知っている関係なので大丈夫ですが、中には「取り急ぎ」という言葉を失礼に感じる方もいます。

そのような場合は「まずはご報告いたします」のような言葉に変えて文章を作成してみてはいかがでしょうか。

Point

メールは受け取る側の気持ちを考えて後回しにしない

鉄則36

勝手に宣言して後回しにしない

自分より少しできる同僚を勝手にライバルにする

徒競走をするとき、１人で走るよりも、速さが同じくらいの人と走った方が、記録が伸びるのはよくあることです。競争相手がいると、自然と「負けたくない」という気持ちからよい成績を出せることがあります。

これは校務を処理する速さにも同じことがいえると思っています。職員の中に、自分よりも少し仕事が早い人を見つけましょう。そして、その人よりも早く校務を終わらせるようにしようと考えることで、徒競走のときのように、仕事のスピードを上げることができます。直接相手に「今日からライバルな」と伝えてもよいですが、ちょっと白い目で見られそうです。こっそりとライバル認定しても高い効果が期待できます。

≫勝手に「仕事やる宣言」をしよう

次に勝手にできることは「仕事やる宣言」です。これは、何をいつまでにするのかを「宣言」することです。例えば、「学習指導案を○月○日までに終わらせる」や「今日中に会計処理を終わらせる」と近くの職員に宣言するのです。「いきなり何だ⁉」と思われるかもしれませんが、この効果は絶大です。これは心理学では**「宣言効果」**というそうで、**自分の目標ややるべきことを人に宣言することで、その目標ややるべきことを達成しやすくなる**のです。

理想は、先述のライバルが誰なのかを周りにも、もちろん本人にも宣言し、さらには校務についても、何をいつまでにするのかを宣言することです。相乗効果が得られて大きな効果が期待できるようになります。

Point

自分1人ではなく、周りの人の影響も活用しよう

鉄則37

「Ｍｙ締め切り」を設定して後回しにしない

≫後回しにしない人はみんな「Ｍｙ締め切り」を設定している

書類の収集の締め切り、書類提出の締め切り、アンケートの締め切り、会計処理の締め切り、関係機関への連絡の締め切り、成績処理の締め切りなど、校務には必ず締め切りがあります。そして、その締め切りは多くの場合相手が設定しています。後回しにする人は、その締め切りまでに終わらせようとします。

一方で、**後回しにしない人はみんな「Ｍｙ締め切り」を設定しています。**例えば、締め切りまで1か月ある場合はその1週間前や10日前を「Ｍｙ締め切り」にしたり、締め切りが今週中であれば、その日のうちにしてしまおうとしたりします。その「Ｍｙ締め切り」に向かって逆算して計画を立てるのです。

≫この本の執筆の場合

私は、単著・共著あわせて、この本で3冊目の執筆になります。この本の依頼をいただいて執筆を始めたのは9月中旬で、原稿の締め切りが2月末でした。ページ数は200強、項目は100です。そこで私は、執筆の「My締め切り」を12月中（今年中）としました。3か月半で100項目なので、9月に20項目、10月に30項目、11月に30項目、12月に20項目のペースで取り組もうと決めました。12月は繁忙期のため、他の月よりも少なく設定しています。ちなみに共著になる2冊目は、12ページ分の担当で3か月の執筆期間をいただきましたが、依頼されたその月に終わらせました。

このように、マクロで予定を見通して、ミクロで逆算しつつ「My締め切り」を設定して後回しにしない仕組みをつくっていきます。

Point

予定を見通して「My締め切り」を設定しよう

鉄則 38

わからないときはとにかく「聴く」ことを後回しにしない

≫聞くは一時の恥　聞かぬは一生の恥

「聞くは一時の恥　聞かぬは一生の恥」ということわざがあります。聞けば一時の恥ですみ、問題を解決できますが、聞かないと問題を解決できず、それで一生の恥になるということです。「聞かぬ」というのは「後回しにする」ということに他なりません。つまり、「後回しは一生の恥」になるのです。

何もかも完璧な人はいません。すべて自力で解決できるものばかりではありません。もしも校務のことでわからないことがあれば、それがわかっている人にすぐ聞くことが大切です。会計のことなら学校事務の人に、行事のことなら前年度の学年やその行事の主任に、今すぐ聞くようにしましょう。

≫「聞く」から「聴く」へ

「きく」の漢字を調べると「聞く」と「聴く」が見つかります。「聞く」は、単に音が聞こえることを指し、「聴く」は、注意して、進んで耳を傾けて聴くことを指しています。

校務のことで詳しい人に聞くときも「聴く」ことを意識してみましょう。

例えば、行事のことで担当者に「聞く」ときは、単に情報を仕入れることになりますが、「聴く」意識を働かせると、その担当者が一体何を大切にしているのか、どんな思いがあるのかなど、その人の思いを感じ取ることができます。そうすることで、その担当者にとって後回しにしたくないことがわかります。**同じ職場で働く教職員とは、共に学校をよりよくしていく協同体**でもあります。何を優先して後回しにしないのかお互いに気づき合っていくことも大切になってくるのではないでしょうか。

Point

情報を「聞く」、思いを「聴く」

鉄則 39

校務分掌に志願して後回しにしない

校務分掌は「攻め」の姿勢で

新年度、思ってもみなかった校務分掌に任命されることがあります。多忙な4月、引き継ぎや年間計画、前年度の反省の確認など、学級の準備や授業の準備をする時間もなくなることがあります。それは校務分掌を「受け」てしまっているからなのです。

私は毎年、校務分掌に自ら志願しています。現在私は研究主任を担当していますが、実は2年前から志願していました。また、情報教育担当、教育ＩＣＴ推進担当という分掌も担当していますが、それも志願して担当している分掌です。自分が担当する校務分掌も、後回しにせずに、**「攻め」の姿勢で先回りをすることで、心づもりや計画を立てておく**ことができます。

「受け」は仕事に「攻め」られる

自ら校務分掌を志願するメリットは、心づもりができることや計画を立てられることだけではありません。ここで一度管理職の気持ちになってみましょう。所属する学校の職員に「私は〇〇をやりたいです！　この分掌に集中して、前年度の反省を踏まえて、このように改革したいのです！」と言われたらどうでしょう。管理職の気持ちとして「じゃあ〇〇をがんばってもらおう」となりそうです。つまり、思ってもみなかった分掌を任されたり、他の分掌も追加で任されたりする恐れが限りなく少なくなります。

分掌の一任は、一見すばらしいように感じますが、実は「受け」の姿勢のため、どんどん仕事に「攻め」られることになります。主体的に分掌をとりにいく姿勢がとても大切だと思うのです。

Point

担当したい分掌を後回しにせず、今すぐとりにいく

鉄則 40

ICTで校務を管理して後回しにしない

≫ICTを活用する

「行事の反省をアンケート用紙に書いてもらって、〇日までに集めてデータに転記しよう」以前はこのような光景がよく見られました。こういった回収する必要があるものは、なかなか期日までに集めるのが難しかったり、転記に時間がかかり後回しになったりすることがあります。しかし、アンケートの回収に関してはMicrosoftにはForms、Googleにはフォームがあり、それを活用すれば、回答していないのは誰かがすぐわかります。また、回収した回答も転記する必要はなく、ExcelやスプレッドシートにI出力すればすぐに資料としてまとめることができます。ICTを活用することで後回しを解消することができるのです。

≫ＩＣＴを活用させる

自分がＩＣＴを活用できるようになったら、次は**全職員にＩＣＴを活用させるようにします。**みんながＩＣＴを使うようになる方法は2つ。1つは、自分がＩＣＴを活用したら校務がとても楽になったことをアピールすることです。ＩＣＴは、利点を感じて初めて「活用しよう」という気持ちになります。もう1つは、ＩＣＴでないと校務ができないようにすることです。例えば先述のアンケートでいうと「ＩＣＴでも、紙媒体でも、どちらでもかまいません」というスタンスでは、一生紙媒体はなくなることがありません。紙媒体が好きな人は、どうしても紙媒体が好きなのです。そのため「必ずFormsでご回答ください」と、ＩＣＴでないと仕事ができないような仕組みにするのです。ＩＣＴを必ず使うようにして、さらにそのメリットも感じてもらうことで校務のＩＣＴ化が進んでいくのです。

Point

校務のＩＣＴ化を進めて後回しをなくそう

鉄則 41

NOと言うことを後回しにしない

≫自分の仕事を後回しにするキーワードは「YES」

同僚や分掌の主任、管理職などから校務を頼まれることはよくあることだと思います。主任や上司から仕事を頼まれたら引き受けてしまう人も多いのではないでしょうか。しかし、誰かから頼まれた業務というのは、やはり優先して取り組む必要があります。すると**必然的に自分の業務は後回しになってしまいます。**仕事に余裕があるときは問題ありませんが、目の前の業務で精いっぱいなときは、どんどん仕事に追われることになります。

教員という職業柄、相手のことを思いやって、自分の仕事を後回しにするキーワード「YES」を言ってしまう人も多いです。まずは、自分の仕事を後回しにしないために「NO」と言う勇気をもちましょう。

≫NOと言うための言い訳5選

勇気をもってハッキリとNOと言えればよいのですが、なかなかNOと言うのは難しいということもよくわかります。私が実際に使ったり、逆に使われたりして効果的だと感じた言い訳を5つ紹介します。

①「引き受けると自分の限界を超えてしまい、たくさんの人に迷惑をかけてしまうので引き受けられません」
②「私よりも適任者がいるのに、差し出がましいので引き受けられません」
③「すみません。今回ばかりは引き受けられません」
④「それを引き受けることはできませんが、○○ならできるかもしれません」
⑤「1日考えさせてもらって、もし無理ならお断りしてもよろしいですか」

Point
自分に合ったNOの伝え方を知って後回しをなくそう

鉄則 42

1日1人分書くことで子どもの所見を後回しにしない

締め切りの1か月半前から所見を書く

私が若手の頃、通知表の所見はまだ手書きでした。成績の締め切り間近になると、所見を書くために毎日夜の10時や11時、遅いときには日付が変わるまで残業していました。なぜそんなに時間がかかるのか。それは見通しをもてずに、所見を後回しにしていたためです。現在では、所見は締め切りの半月前には全員分を記録できている状態にしています。自分の中で締め切りの**半月前をMy締め切りにして、1日1人分の所見を書く計画を立て、逆算**していつから始めればよいかという見通しを立てています。早めにMy締め切りを設定しているのは、残りの期間でさらに書きたい内容が見つかったときは加筆修正するためです。

≫人は長時間集中できない

所見を後回しにして、1日に10人や20人分を書こうとしても集中力が保てません。おそらく、はじめの子どもと終わりの子どもでは、内容の精度が違ってくるでしょう。人が集中できる時間は15分や20分といわれているようです。その短い集中の時間を考慮した勉強法（ポモドーロ・テクニック）まであるくらいです。

私の同僚に、「所見の神」を降ろしていた教員がいました。締め切り近くになったら、「所見の神を降ろす！」と言って、一気に所見を書き上げていたのです。しかし、その教員も今では見通しを立てて少しずつ完成させるようにしています。集中力があるときに、精度の高い内容を毎日少しずつ書くことで、所見の生産性を向上させていくことをおすすめします。

Point

高い集中力で、よい内容の所見を1日1人分ずつ書こう

鉄則 43

現金や個人情報の保管を後回しにしない

≫ 現金、個人情報の紛失は大大大問題

校外学習費や調理実習費のなどの現金、または個人情報が書かれた書類を子どもが持参し、朝に子どもが先生に預けたとします。担任は教室にある先生用の机に置いておいて、後で確認しようと授業を始めます。お昼休みに現金や書類を確認して、名簿にチェックします。教室に戻って子どもたちに確認すると、名簿にチェックされていない子どもから「先生、私、今朝先生に提出しました」と言われました。さて、どうしますか。

必死に探して見つかれば問題ありませんが、もし見つからずに「紛失」となったら、大大大問題になります。**現金や個人情報の紛失は、自治体の教育委員会への報告が必要で、報道提供にもつながることがあります。**

現金や個人情報の保管は授業よりも優先する

教育ＤＸが各学校に導入され始めていますが、いまだに現金集金や、個人情報を紙媒体で回収している学校も見られます。そのため、可能であれば子どもの登校前に担任が教室に控えておき、登校した子どもから現金や書類を受け取ったらすぐに記録しておくことが求められます。さらに、鍵のかかる引き出しや保管庫に、記録した名簿と一緒に保管しておくのです。

しかし、勤務時間前ということもあるため、それが難しい人もいます。その場合は、先生が来てから提出させるようにして、朝の会や1時間目の授業よりも、回収、記録を優先して行う必要があります。授業はとり返しがつきますが、紛失はとり返しがつかないのです。

Point

現金、個人情報は最優先事項だと意識しよう

鉄則44

「本時」から書いて学習指導案を後回しにしない

≫学習指導案づくりの型をもとう

みなさん学習指導案（以下、指導案）をつくったことがあると思いますが、おおよその指導案は「日時」から始まり、「学年」「単元」……「児童観」「教材観」「指導観」……と続いていくものが多いのではないでしょうか。指導案づくりで（個人的に）もっとも大切なところは「本時」だと思っています。そのため、私は「本時」を後回しにせずに、一番はじめに作成します。どんな力をその時間につけたいのか（本時の目標）、そのためにどんな授業をする必要があるのか（本時の展開）という流れで作成します。指導案作成に時間がかかってしまうのは、授業の形を想像できていないことが原因の1つだと思います。**パレートの法則でいう2割は、「本時」**にかかっているといえます。

≫学習指導案は「読んでもらう」

指導案を作成していると、「なんかよくわからなくなってきた……」と、だんだん筆が止まってくることがあります。考えすぎて行動に移せなくなることを「分析麻痺」というそうです。

そのようなときは、「1回休憩しよう」と後回しにせずに、その完成度で誰かに読んでもらうことをおすすめします。自分の中ではわかっていても、それが文章に表れていなかったり、段落や項目ごとの文脈やつじつまが合わなくなってきたりすることがあります。誰か別の人に読んでもらうことで、そういったことの指摘を受けたり、新たなヒントをもらったりすることができます。指導案は1人で作成するのではなく、多くの人の力を借りながら作成していきましょう。

Point

学習指導案は「本時」から書き始めて、みんなに見てもらおう

鉄則 45

行事等の反省を後回しにしない

≫年度末反省の理想は「反省がない」

どの学校でも、年度末には学校運営や行事等の反省をしていると思います。私が考える理想の年度末反省は「反省がない」ということです。それは完璧な運営をしたからではなく、年度末まで反省を後回しにしないということです。

例えば、生徒指導上の問題について会議などで情報共有をしていたとします。そうした取り組みを進める中で、もしかしたら誰かが「もっとＩＣＴをこうして活用した方が効率がいいのに」と思っているかもしれません。そう思っている人がいるのなら、わざわざ年度末まであたためずに、**その都度疑問や意見として発信してもらい、タイムリーに解決していけば、年度末での反省を少なくすることができます。**

反省を後回しにしないメリット

反省を後回しにしないメリットは、年度末反省での反省の数を少なくすること以外にもあります。まず「忘れない」ということです。「年度末反省に書こう」と思っていても時間が経つと忘れてしまうことがあります。次に、「十分に考える時間がある」ということです。年度末はどの教員も多忙です。ましてや他にも反省・議論する必要があるものが多いため、1つの反省点に時間を割けません。早めに反省点を検討できれば、改善策や変更案を十分に議論、検討することができます。最後に、「担当者が明確」ということです。年度末に反省点を検討すると、「来年度の担当者が検討する」と、次年度に持ち越すことも少なからず見られます。しかし、その都度検討することができると、担当者が明確なため、次年度への持ち越しを防ぐことができます。

Point

タイムリーに反省を発信・受信するようにしよう

鉄則 46

分掌の主任になったら後回しにしないこと①前主任にヒアリングする

≫前主任の「思い」を受け取る

体育主任、生徒指導主任、研究主任、様々な校務分掌の主任が変わるときには必ず引き継ぎが行われます。そこでは、新年度になったらすることや、事務的な手続き、関係書類の保管場所や提出の方法など、業務内容についての引き継ぎが多いと思われます。

しかし私は、業務内容の引き継ぎだけでは不十分だと思っています。どんな校務分掌であれ、主任というのは人一倍業務量が多く、重圧もあり、頭を悩ませるものです。そこには業務内容の引き継ぎには表れないような「思い」があるはずです。前年度を踏襲するにしても、大革命を起こすにしても、**これまでの主任の「思い」を受け取ることは人が構成する組織としてとても大切なこと**だと思います。

≫「思い」の交流をする

私が研究主任を引き継いだときの話です。私は新しい学校に赴任してから、研究体制の改革を意見し続けていました。もちろん、伝統と歴史を変えようとする私をよく思わない人もいます。そんな中、研究主任を引き継ぐこととなり、「このままでは反発ばかり起こり、改革が前に進まないかも」と感じた私は、前主任と「思い」の交流を図りました。そうすることで、これまでの研究主任の「思い」と、新たに改革をしたい私の「思い」が調和した校務運営を、建設的に行うことができました。「思い」を交流することで、私がただの異端者ではなく、よりよい研究にしたいという「思い」をもった変革者だということを理解してもらえたのです。組織は人が構成します。そこには「思い」があります。それを大切にすることで、血の通った組織になるのだと思います。

Point

ヒアリングを通して、校務分掌の「思い」を受け取ろう

鉄則 47

分掌の主任になったら後回しにしないこと②
4・5月の段取りを立てる

≫ 新年度はとにかく忙しい

新年度は新しい学級の準備、教科の学習年間計画、前年度担任からの引き継ぎ、校外学習の計画や下見、職員会議や分掌の引き継ぎなど、とにかく業務量が多くて毎年忙しくなると思います。その多忙の中、主任になった分掌の4・5月の段取りを後回しにすると、提出するべき書類だったり、検討しておかないといけなかった事項だったりを見落とすことがあります。後手に回って、とにかく目の前の校務をこなしていくと、どんどん業務に追われることになります。非常に多忙な新年度ですが、**主任となった分掌の4・5月の段取りをあらかじめ確認して、先回りして取り組んでおく**ことで校務に余裕が出てきます。

みんな新風を期待している

分掌の主任が変わるということにどのような意味があるのでしょうか。私は「校務運営に新風を吹き込むこと」が、主任が変わる意味だと思っています。前年度を踏襲するだけなら、誰が担当しても問題ありません。しかし、あなたが主任になるということは、あなたにしかできないことを期待されているのです。

子どもたちが新学期に考えていることは「次の担任の先生はどんな人で、どんな授業をしてくれるのかな」ということです。職員も同じように、「どんな校務運営をしてくれるのかな」と新風を期待しているのです。そのためにも、自分から校務分掌をとりにいき、先回りして4・5月の段取りを立てることで、校務に余裕をもち、創造的な校務運営をしていくことが求められます。

Point

段取りを後回しにせず、校務に新風を吹き込もう

鉄則 48

分掌の主任になったら後回しにしないこと③ メンバーを把握する

≫ 構成メンバーで左右される会議

授業研究委員会の会議、生徒指導委員会の会議、体育委員会の会議など、自分が主任をしている校務の会議が定例で行われることも多いと思いますが、会議の進行は構成メンバーで左右されることを知っておく必要があります。スムーズに通ると思っていた議案に異議を唱えられたり、構成メンバー同士の議論が白熱しすぎて険悪な雰囲気で終わったりすると、会議に時間がかかりすぎたり、その後のフォローや調整が大変だったりと、自分の他の業務にも支障が出かねません。このように、会議というのは、議題はもちろん、構成メンバーで左右され、さらには校務運営やその他の自分の業務にも影響してくることがあるのです。

メンバーを把握して会議の見通しをもつ

私が主任となった会議は、基本的には10分もかからずに終わります。それは、10分で終われる会議を想定しているからです。具体的には、この議案を出したら、誰がどんな意見を出してくるか、そこからどんな展開が考えられるか、終着点はどうなるのか、という見通しをもつようにしています。

そこで必要なことが**「会議前ヒアリング」**です。「会議前ヒアリング」はいわゆる「根回し」のことですが、根回しではイメージがよくないので、あえてネーミングを変えています。構成メンバーに、議案について事前にヒアリングすることで、質問や反対意見が出て会議が紛糾することを防ぎます。検討が必要なものでも、ある程度の方向性と見通しをもった検討事項にすることができます。君子、危うきに近寄らずなのです。

Point

メンバーを把握して、会議の展開を予想しておこう

鉄則 49

分掌の主任になったら後回しにしないこと④
仕事を振る計画を立てる

≫主任の奥義「割り振り」

研究主任や生徒指導主任など、大きな分掌の主任になったばかりのときは、何でも自分でする必要があると感じてしまいます。学校の教員というのはよくも悪くも責任感が強い人が多いのです。そのため、業務量やプレッシャーなどで悩む人も少なくありません。

分掌の主任というのは、「一番働く人」ではなく、校務の見通しを立てて「組織をマネジメントする人」だと思っています。そして、分掌の主任に授けられた奥義は「割り振り」なのです。誰が、どの業務を担当するかを割り振っていくのです。もちろん、希望を聞くことも大切ですが、多くの場合は割り振られた方がお互いに助かることが多いのです。

≫誰もやりたくないことは主任がする

主任の奥義「割り振り」の取り扱いには注意が必要です。それは、ややこしいことや、誰もやりたがらないことをメンバーに割り振ることです。割り振られたメンバーはきっと、主任が責任逃れのために権利を濫用していると感じるでしょう。

そのような、誰もやりたくないと思うようなことは、主任がするべきなのです。そうすることで、メンバーはその他の細かい業務分担を快く引き受けてくれるようになります。例えば、校内の第1回の研究授業はとてもプレッシャーがかかります。あまりやりたがる人はいません。そこで、研究主任が第1回の研究授業を引き受けると、後続のプレッシャーをやわらげることができます。よい授業を見せるのではなく、研究主任としての姿勢を見てもらうのです。

Point

奥義「割り振り」で校務をマネジメントしよう

マインドセット
整理整頓
事務処理 校務
学級経営
教材研究 授業準備
人間関係 自己成長

鉄則 50

分掌の主任になったら後回しにしないこと⑤ 管理職と思いを共有する

≫学校運営は校長がつかさどる

学校教育法第4章第37条には「校長は、校務をつかさどり、所属職員を監督する」と示されています。また、同条に「教頭は、校長（中略）に事故があるときは校長の職務を代理し、校長（中略）が欠けたときは校長の職務を行う」とも示されています。平たく述べると、「学校運営上の方針の設定や意思決定は、校長が責任をもって行うし、校長がいないときは教頭が代わりをする」ということです。また、地方公務員法に照らすと、その決定に私たちは従うことが求められます。つまり、分掌の主任だからといって校務の意思決定権があるわけではないし、管理職の方針には従う必要があるということなのです。

まず理解に徹し、そして理解される

スティーブン・R・コヴィーは『7つの習慣』の中で、第5の習慣として「まず理解に徹し、そして理解される」を挙げています。**コミュニケーションとして重要なことは、理解し合うこと**だといえます。

学校運営をつかさどる管理職が、いったいどんな思いや方針をもっているのかを、まずこちらが理解する必要があります。その上で、次は管理職にこちらの思いや方針を理解されることが大切なのです。もちろん、互いの思いや方針が一致しないことも少なくないと思います。しかし、本当によりよい学校運営をめざし、子どもたちによりよい教育環境を提供しようとするなら、この相互理解は重要な鍵になってくるのです。

Point

管理職と理解し合って、よりよい教育環境の整備をめざそう

4章
「後回しにしない」学級経営の鉄則

100

鉄則 51

子どもの机や椅子の整備を後回しにしない

≫学級経営は環境づくりから

児童用の机に傷がついていたり穴があいていたりする。椅子がガタガタしていたりギコギコと音が鳴ったりする。長く机や椅子を使用していると、そうした不具合が出てきます。こうした、子どもの学習に直結するハード面の不具合を放置していると、学級の荒れにつながることも少なくありません。傷がついた机は、さらに傷をつけることに抵抗がなくなり、音が鳴る椅子では落ち着いて学習することもできません。「割れ窓理論」というのはあまりにも有名な話ですが、そうした環境整備は学級経営にとっても非常に大切です。子どもたちから不具合を訴えてくることもあるかもしれませんが、それを放置していると、子どもたちからの信頼がどんどん落ちていくことになります。

道具を揃えておく

机が傷だらけだったり、椅子が破損していたりする場合は、今すぐに新しいものとかえる必要があります。しかし、多少のささくれや、脚の長さの違いによるガタガタ、ネジのゆるみによるギコギコ音などは修理や補修をすれば解決するものも多くあります。

そこで、ガムテープ、ドライバー、レンチ、研磨剤ややすりなど、**机や椅子の修繕に使える道具を揃えておく**ことをおすすめします。このような道具は、自費で購入される方も多いと思いますが、学校の環境整備のために必要な道具なので、学校として公費で購入する必要があります。

教室のハード面を整えることで子どもたちの心理的な安定が図られ、すぐに対応する姿を見せることで子どもたちからの信頼を得られます。

Point

机や椅子を整えて、安心して学習できる環境を整えよう

鉄則
52

子ども同士のトラブルを後回しにしない

≫鉄は熱いうちに打て

学校では、子ども同士の様々なトラブルが起こります。誰かと誰かがケンカした。誰かが誰かをイジメている。○○のグループと□□のグループが対立している。そのような**トラブルがわかった際に、「様子を見ておこう」と静観するのは禁物**です。そのトラブルはどんどん複雑化し、収拾がつかなくなり大きな事象になることも多いのです。

鉄は熱いうちに打てといいます。教員はすぐに対応を求められます。そこで、取り急ぎとるべき行動は、事情を聞くための「アポをとる」ことです。いつ、どこで、誰に事情を聞くか子どもにアポをとります。さらには、複数人体制で関わる必要がある場合もあるので、管理職や生徒指導主任等にもアポをとることが求められます。

アポの優先順位

アポをとる優先順位を間違えないようにしましょう。複数人体制で臨む必要があるものなら、まず管理職や生徒指導主任が最優先です。次にケンカの場合は落ち着いている方が優先です。グループの対立の場合は、影響力が強くなく、なるべく俯瞰で見えている子どもを優先します。影響力の強い子どもから事情を聞くと、後で口裏を合わせられる場合があります。しかし、いじめが起こった際は、まず学校いじめ対策組織を立てて、チームとして対応する必要があります。決して1人で抱え込んで、1人で対応しないようにしましょう。1人で対応すると複雑化、深刻化して、取り返しがつかなくなることもあります。

後回しにしてはいけない、シビアな問題ですが、事情を聞き取る優先順位は繊細に考えていかないといけないのです。

Point

トラブル解決のための優先順位を考えよう

鉄則 53

生徒指導案件を後回しにしない

子どもたちは先生の動向を見ている

前項の子ども同士のトラブルとも重なる部分がありますが、生徒指導案件を後回しにすることも、学級経営に大きな影響を与えます。生徒指導案件とは、子ども同士のトラブルに加えて、規則違反、妨害行為など学校内の問題や、万引き行為、住民への迷惑行為など学校外の非行、それに家庭内のトラブルなどの問題も含まれます。

実は、子どもたちはそのような生徒指導案件が発生したら、先生はどう動くのかをよく見ています。すぐに動いて対応してくれるのか、それとも後回しにして対応してくれないのか。生徒指導案件に対する教員の動向から、自分が信頼するに値する先生かどうかを子どもたちは判断するのです。

連絡や対応の体制を明確化、強化する

子どもたちからの信頼に関わる重要な問題ですが、だからといって1人で対応しようとする必要はありません。仮に、そのような問題にすぐ動けないのだとしたら、責任を抱え込んでしまって、腰が重くなっているのかもしれません。

そこで、**生徒指導案件が起こった際は、誰に報告をする必要があるのか、また、どのような事象の場合はどのような対応が必要になるのか**を自分の中でも、学校組織としても明確にしておきます。さらに、その体制は本当に万全か、もっと改善できることはないかなど、体制の強化も考える必要があります。

1人で抱え込もうとすると後回しになってしまうかもしれません。学校の組織として、チームで対応していくように心がけましょう。

Point

チームで対応することで、子どもたちが安心できる学級、学校をめざそう

鉄則 54

自分が抜けたときの準備を後回しにしない

≫担任がいないときこそ学級経営力が試される

我が子が熱を出した、自分が体調不良になった、出張に行くなど、担任が教室を不在にせざるを得ない状況があります。小学校なら、ほとんどの教科を担任が教えているので、担任が抜けるのは学級に大きな影響があります。

そのように、**担任がいないときこそ、これまでの学級経営が反映されます。**プレッシャーで抑え込んでいるクラスは、担任がいないときこそ羽を伸ばして好き勝手し始めます。すべて担任の指示で動いていたクラスは、担任の指示がないと何もできなくなります。協力することを知らないクラスは、必ずもめごとが起こります。教科担任制が進む時代ですが、まだまだ小学校での担任の影響力というのは大きいものです。

自立と自律

学級経営で後回しにしてはいけない要素として大切なのは「自立」と「自律」です。

まず「自立」は、指示がなくても子どもたちが動けるということです。日直の仕事や係活動、移動教室の移動や当番の動きなど、決められたことを指示なく行動できるような指導、仕組みが必要になります。

次に「自律」は、自分（たち）の行動の方向性を考えることができるということです。友達ともめたときにどうするか、イレギュラーなことが起こったときにどう対応するか、他の子どもの不適切行動を見た後どう行動するかなど、なるべく子どもたち自身で問題を解決できる力をつけておく必要があります。

Point

自習の準備だけでなく、「自立」と「自律」の準備もしておこう

鉄則55

ノートの評価を後回しにしない

≫ノートの評価はタイムリーが原則

子どもたちのノートを授業後に回収して、休み時間や放課後に添削している人も多いのではないでしょうか。誤字脱字をチェックして、重要な箇所に線を引いて、一人ひとりコメントを書く。もちろん、そういったあたたかい取り組みも大切です。

しかし、私はノートの評価はタイムリーが原則だと思っています。記述が終わった子どもからどんどん見ていきます。私の場合は線を引くだけです。そして、その場で子どもに声をかけます。すると子ども全員に声をかけることができ、ノートも授業中に評価することができます。子どもはタイムリーに前向きな声かけをしてもらえる方が、後でノートのコメントを見るよりもうれしそうな表情をします。

≫学級経営につながるノートの評価

なぜノートの評価を、学級経営の項目で取り上げているかというと、ノートの評価は学級経営と密接につながっているからです。

先述したように、子どもたち全員に声をかけることができるため、子どもたちとの関係を築きやすくなります。また、ノートをためることがないため、休み時間や放課後に子どもたちと関わる時間を確保することができます。さらには、まだ添削していないノートが教師用の事務机に積み上げられることがなくなるため、静謐な教室環境の実現にもなります。そういった状況が視界に入るだけでも、教室の荒れにつながりかねません。

子どもたちとの関係づくり、子どもたちと関わる時間の確保、静謐な教室環境づくりなど、ノートをタイムリーに評価することは、学級経営と深くつながっているのです。

Point

ノートはタイムリーに評価して、授業中に終わらせよう

鉄則 56

ほめる言葉を後回しにしない

≫今すぐほめられた方がうれしい

ほめることの大切さを感じている教員も多いと思います。しかし、そのほめ言葉に効果があるかどうかは別の問題になってきます。

もちろん、**ほめ言葉の質も大切ですが、より重要になるのはタイミング**です。朝一番に子どもに望ましい行動が見られ、それを帰りの会でほめても実感はわきにくく、もしかしたらそんな行動をしたかどうか忘れている場合もあります。教員側も、伝えようと思っていたけれど失念したということもあるかもしれません。

子どもの望ましい行動が見られた際は、後回しにせずに、今すぐその場でほめましょう。今すぐほめられた方が、子どもたちもうれしいのです。

≫不適切行動の指導も後回しにしない

ほめることとセットで、子どもの不適切行動も後回しにせずに、今すぐ指導する必要があります。理由は、ほめ言葉と同じで、子どもが当該の行動を忘れてしまう、実感がわきにくい、教員が忘れることがあるということがいえます。さらに不適切行動の場合は、指導を後回しにすると、不適切行動の数が増えることがあります。「ここまでの行動は許される」「この行動は不適切ではない」と、子どもが認識してしまうのです。その結果、不適切行動が増え、学級経営にも影響を与えます。そして、不必要な子どもへの指導を生み出すことにもなります。

ほめることと指導することは表裏一体だととらえて、子どもたちへのフィードバックをタイムリーに行うようにしましょう。

Point

子どもの行動は今すぐ価値づけていこう

鉄則 57

宿題の添削を後回しにしない

≫ 宿題の添削は2時間目までに終える

宿題の添削を後回しにしないことが、なぜ学級経営につながるのでしょうか。それは、**早めの宿題添削は子どもたちと関わる時間をつくりだすことに関わっているから**です。

2時間目までに終わらせることにも意味があります。おおよその学校では2時間目終わりの休み時間は長めの時間が設定されています。そのような長い休み時間を、子どもたちと関わる時間にするのです。また、放課後に宿題を添削している人もいるかもしれませんが、放課後は子どもの下校を見送ったり、放課後に子どもの相談にのったりと子どもと関わる時間にあてる方がよいと思います。また、放課後の業務を圧迫することにもなるため、やはり宿題の添削は、早めに終わらせることが重要です。

≫宿題の添削を早く終わらせる方法

では、宿題の添削を早く終わらせる方法を紹介します。自分に合った方法を取り入れたり、組み合わせたりしてみてください。

①登校した子どもから宿題を出させ、朝に添削する
②朝の会、朝読書など、1時間目の前の時間に添削する
③授業の中の子どもだけで活動できる時間を使うなど、授業中に添削する
④宿題の添削を早く確実に終わらせられるように宿題の量を調整する
⑤宿題の添削を早く確実に終わらせられるような宿題の内容を考える

教員の在職年数や学校の実態など、様々な要因が絡み合い、実現が難しいものもありますが、トライ&エラーを繰り返して、自分に合った方法を探してみましょう。

Point

隙間時間の活用、内容の精選をして宿題の添削を早く終わらせよう

鉄則 58

丸つけを後回しにしない

≫宿題やプリントの丸つけは子ども自身がする

計算ドリルや算数プリントなどを宿題で出した場合、私は子ども自身に即時答え合わせをするようにさせています。翌日まで持ち越すと、自分がなぜその解答をしたのかわからなくなることがあります。また、そうしたドリルやプリントを教員が全員分丸つけをするのも大変労力がかかります。**学習面からも教員の負担面からも考えて、子ども自身が丸つけをするメリットは大きい**のです。

ただ、「答えを写す」子がいることも考えられます。定期的な小テストで理解度を形成的に測ったり、家庭での効果的な答え合わせの方法を紹介したり、カンニングをすることがないような学級経営をしたりすることなどが必要となってきます。

テストの丸つけを早く終わらせる方法

テストの丸つけを早く終わらせる方法をいくつか紹介します。

①テストが終わった子から提出させて即時丸つけをする
②誤答の箇所だけチェックを入れる
③テスト中に机間巡視しながら丸をつけていく
④テスト後の授業を子どもの作業時間にして、その時間に丸つけをする
⑤テストの日の放課後は子どもをなるべく早く返して教室で丸つけをする

これらの方法は、テストの丸つけを早く終わらせるための手法なので、それぞれにメリット・デメリットがあります。自分の信条や子ども、学校の実態を踏まえて検討する必要があります。また、保護者に理解してもらう工夫が必要となる場合もあります。

Point

丸つけを早く終わらせる方法を身につけよう

鉄則 59

連絡帳を後回しにしない

連絡帳を書く時間を決めておく

若手の頃、私は空いた時間に連絡帳を書こうとしていたので、バタバタして忙しい日には連絡帳を書き忘れることがありました。書き忘れを防ぐためには、連絡帳を書く時間を毎日同じ時間に決めておく必要があります。例えば次のような時間が考えられます。

①必ず○時間目に書くようにする
②朝の黒板に掲示しておき子どもが登校次第書くようにする
③朝の会やホームルームで書くようにする
④掲示板等に掲示しておき、各々が書けるときに書くようにする
⑤ICTを活用して、電子連絡にする

保護者からの連絡はすぐに動く

連絡帳には、保護者からの連絡が書かれている場合も多くあります。欠席や早退連絡、体調や事務的な連絡であれば、すぐに確認したことを伝える返信を書き、メモや記録をとるようにします。

しかし、担任では判断できないような質問内容、担任や学校への不信感をもった連絡、いじめなどの生徒指導上の相談などは、担任の一存で返信してはいけません。**状況に応じて学年主任や管理職に相談する必要があります。**そのような場合も、相談を後回しにせずに、すぐ動くようにしましょう。また、保護者からの連絡内容をコピーしておくことも必要です。

Point

連絡帳は家庭とつながる重要なツールだという意識をもとう

鉄則 60

子どもへの声かけを後回しにしない

≫ 机間指導は計画的にする

教員は授業中に、机間指導をすることがよくあります。研究授業や公開授業などでも、机間指導をしながら子どもに声かけをしている様子が見られますが、机間指導をただ見て回るだけの作業ではなく、「授業スキル」として昇華させるように意識しましょう。

まずは学習に困り感をもっていると思われる子どもに優先して声をかけにいきます。ときには近くの子どもに助けてもらえるような「つなぐ」声かけが必要になります。次に、全体を見て回りながら、授業展開に重要な役割を果たしそうな内容を考えている子どもがいれば、発表をうながす声かけをします。このように、机間指導は学習を深めていくために重要な役割をもっていることを意識することが大切です。

≫毎日子ども全員に声をかける

子どもとの関係性は、学級経営に大きな影響を与えます。その「子どもとの関係性」を深める方法の1つとして、毎日声をかけるというものがあります。何度も関わることで、その対象に好意や関心をもつようになることを「単純接触効果」というそうです。

私は「習い事は楽しい？」「昨日のテレビ面白かったね」「委員会活動うまくいってる？」など、**たわいない会話でかまわないので、毎日子ども全員に声をかけることを意識**しています。そうすることで、前年度からの引き継ぎでは「あまり担任とは話さない」といわれていた子どもでも、少しずつ話をしてくれるようになります。そして、子どもとの関係性が深まっていくと「先生、あのね……」と自分の思いや困っていることなどを話してくれるようにもなっていきます。

Point

声かけは授業や学級経営を支えるもの

マインドセット
整理整頓
事務処理 校務
学級経営
教材研究 授業準備
人間関係 自己成長

鉄則61

子どもの「先生あのね……」を後回しにしない

先生の「後でね」は禁句

子どもとの関係性が深まると「先生あのね……」と、自分の思いや困っていることなどを話してくれるようになります。このような**子どもからの相談は、先生を信頼していると同時に、先生を試す行為**でもあります。この先生は話を聞いてくれるのか、ちゃんと対応してくれるのかということを見ているのです。そこで絶対に言ってはいけない言葉は「後でね」です。この瞬間から子どもは、刻一刻と不安が募っていき、信頼がどんどん失われていきます。勇気を出して相談したのに、自分のことを後回しにされたと感じるのです。よほどのことがない限り、いかなるときもこの「後でね」は禁句だと思っておいた方がよいでしょう。

どうしてもすぐに対応できないときは……

「後でね」は禁句だと思っていても、どうしてもすぐに対応できないときがあります。そのようなときは子どもに5W1Hを明確に示してあげることが大切です。いつ、どこで、誰が、何を、なぜ、どのように聞くのかを明確にします。

例えば、次のように伝えます。「○○さんが、体調が悪くて早退するから、今から保護者の人に連絡をしないといけない。だから、次の休み時間に相談室で、自分と□□先生とでゆっくり話を聞かせてもらってもいいかな」いかがでしょうか。「後でね」の一言よりも安心して待ってくれると思いませんか。子どもとの信頼関係は、いつ、どんなことで崩れるかわかりません。一つひとつの対応を丁寧に行うことも、子どもの人権を尊重することにつながります。

Point

5W1Hを明確に伝えて「後でね」を撲滅しよう

鉄則
62

子どもの関心事を後回しにしない

≫子どもの「やりたい」を大切にする

係活動や委員会活動、児童会活動や生徒会活動など子どもが中心になって行う活動は、決められたことをこなすことになりがちです。しかし、そんな中で子どもから「こんなことをやってみたい」や「こうしたらもっとよくなるかもしれない」という発言が出ることがあります。そのような、主体的に活動をよりよくしようという姿勢が見られた際は、後回しにせずにすぐ実現に向けて検討しましょう。

最終的には実現できなかったとしても、提案段階で断念したのと、実現に向けて検討したけれど断念したのとでは、今後の子どもたちの主体性への影響が大きく変わります。学級経営では、ぜひ子どもたちの「やりたい」を大切にしていきましょう。

≫子どもたちの流行りを把握する

子どもの関心事を後回しにしないとは、子どもたちの間で流行っていることをすぐに把握することも含まれます。時代の変化が激しい社会では、子どもたちの間で流行っているものもすぐに移り変わっていきます。その都度、大まかに把握していく必要があります。

理由としては、子どもたちと共通の話題をもつということもありますが、一番は「生徒指導上の問題が起こったときの対応」という観点からです。オンラインゲームやSNSなど、**子どもたちの間で流行っていることは、子ども同士のトラブルが起こる危険性を含んでいます。**そうした問題が起こった際に、そのプラットホームを知っているのと知らないのとでは対応の質や速さが変わってきます。どっぷりハマる必要はありませんが、教員として流行りを知っておくことは、学級経営にも関わってくることなのです。

Point

子どもたちの関心事は積極的に把握しよう

鉄則 63

壁面掲示を後回しにしない

≫壁面掲示は回転率を上げよう

子どもたちの図工の作品などを、教室の壁面に掲示することがあると思います。しかし、多くの教室では掲示の期間が長すぎて、子どもたちの関心も薄れ、作品が作品ではなく壁面の模様と化している様子が見られます。長期間の掲示は、子どもの関心が薄れるだけでなく、作品の日焼けや破損など、見た目の悪さにも影響してきます。また、掲示物がはがれたり、子どものいたずらが起きたりと、教室の雰囲気にもよい影響がありません。

壁面掲示を入れ替えるというのは、教室の空気を入れ替えることに似ています。私の場合は、２週間以上掲示することはありません。壁面掲示の回転率を上げて、教室に新鮮な空気を入れる意識をもちましょう。

≫子どもたちと一緒に壁面掲示をする

壁面掲示の回転率を上げる方法として、子どもたちと一緒に掲示をするという方法があります。画びょうで作品をとめたり、高いところに掲示したりする場合は、子どもにさせるのは避けるべきですが、それでも作品を運んでもらったり、順番を並べ替えたり、ゆがみがないかを見てもらったりと、協力してもらえることは多くあります。また、ポケット式やジョイント式の掲示なら、子どもができることも増えてきます。さらに、係活動として「掲示係」のようなものがあれば、率先して手伝ってくれるでしょう。

このように、子どもたちと一緒に壁面掲示をすることで、回転率を上げるだけでなく、子どもの協力、係の活動など、その行動に感謝したり称賛したりする機会を増やすことにもつながります。

Point

子どもと一緒に壁面掲示をして常に新鮮な空気を入れよう

5章

「後回しにしない」教材研究・授業準備の鉄則

100

鉄則 64

教材研究・授業準備を後回しにしない

教材研究こそ教員の仕事

昨今、働き方改革が進み、何が教員の仕事で何が教員の仕事ではないかをはっきりと区別していく傾向があります。それでもまだまだ多忙感は残っていて、目の前の業務の遂行を優先させて教材研究を後回しにすることも多いと思います。

しかし、授業はもちろんですが、私は教材研究こそ我々教員の仕事だと思っています。それに、**様々な業務がある中で、授業、つまり教材研究こそもっともクリエイティブなものだと感じています**。本書の目的は、後回しをなくして、子どもと関わる時間を増やすことにあります。それは、子どもに直接関わる授業の質の向上、つまり教材研究の時間を十分確保することでもあるのです。

≫授業準備は楽しい

　こんな教材を使ったら子どもたち喜ぶかな。子どもたちが安全に授業できるようにこれも準備しよう。困った子がいたらこれを使って支援をしよう。私はこうやって授業の準備をしているときがとても楽しいと感じます。私は理科教育が専門で、予備実験や実験の準備をしているときは至福の時間です。最近はICT化も進んできて、授業準備もICTを活用できるようになりました。それでもやはり、授業の準備をしているときは楽しいものです。

　それはわかっていても、やはりなかなか時間がとれないのが現状です。そこでこの章では私自身が行っていることや他の教員が行っている実践を紹介していきます。少しでも勤務時間内に教材研究・授業準備ができるようになれば幸いです。

Point

教材研究・授業準備はクリエイティブで楽しい

鉄則 65

計画を立てて授業準備を後回しにしない

≫1日の中で「いつ」「どこで」「何を」準備するかを決める

限られた時間を計画的に活用することはとても大切です。始業時刻から終業時刻までの間をただこなしていくのではなく、「いつ」「どこで」「何を」するか明確にしておく必要があります。そこには授業準備の時間も含まれます。

例えば「2時間目は専科の授業だから、その時間に教室で黒板掲示用の資料をつくっておこう」と計画を立てたとします。そうしたら、あらかじめ教室に黒板掲示用の資料の材料をもっていかなければならないことがわかります。ときには不測の事態が起こり、計画通りにいかないこともありますが、その場合は計画をずらせばよいので、一から計画を立て直す必要はありません。

≫計画は具体的に立てよう

「今日は空き時間があるからそこで授業準備をしよう」といった漠然としたものではなく、計画は具体的に立てておきます。

「いつ」にあたるものとしては、①朝の時間、②空き時間、③休み時間、④授業中、⑤放課後などが考えられます。

「どこで」にあたるものとしては、①教室、②職員室、③運動場、④体育館、⑤特別教室、⑥校務員室などが考えられます。

「何を」に関しては、それぞれの教科に応じた準備がありますが、①教材作成、②プリントの印刷、③安全点検、④予備実験・事前調査などが考えられます。

Point

明確に計画を立てて授業準備の時間を確保しよう

鉄則 66

長期休業中にまとめて教材研究をして後回しにしない

≫ 長期休業中はチャージ期間

春休み、夏休み、冬休みなど、勤務を要するけれど子どもたちが登校しない期間はチャージ期間です。もちろん、家族や友人との時間を過ごして英気をチャージすることも大切です。そして**もう1つチャージするものは「教材研究」**です。

子どもたちが登校している期間は、やはり目の前の子どもたちとの関わりや校務の対応に追われてなかなか時間がつくれませんが、長期休業中は教材研究の時間がたくさんあります。勤務校で使用している教材を深く読み取ったり、先行実践を調べたりして、授業の質を高めるための要素を増やしていきます。また、外部研修に参加したり、教育論文や書籍などを読んだりするなどして知見を深めていくことも大切です。

長期休業中の教材研究方法

先ほどは外部研修への参加や書籍を読むなどと述べましたが、やはりプライベートの時間も大切です。そこで、私が実践して短時間かつ効果的だった長期休業中の教材研究のフローを紹介します。

単元目標をつかむ

↓

学習指導要領の関係箇所を読む

↓

単元計画を付箋に書いていく（1授業1枚）

↓

付箋を教科書の該当ページに貼る

↓

板書計画を立てる

Point

長期休業中は英気と教材研究をチャージしよう

鉄則67

教材研究ノートを常備して後回しにしない

≫教科書を家にもち帰る＝後回し

私は若手の頃、教師用指導書や教科書を毎日家にもち帰っていました。勤務中は教材研究をする時間がとれず、家に帰ってから行っていました。そのため、通勤カバンはパンパンにふくれていて、筋トレグッズのように重かったのを覚えています。カバンもその重さに耐えられるような頑丈なものを買っていました。

みなさんの中にも、私のように教科書などをもち帰り、家で教材研究をしている方がいるのではないでしょうか。しかし、**教科書を家にもち帰るということは、教材研究を後回しにしている証拠**と言っても過言ではないのです。

≫教材研究ノートを常備する

教材研究用のノートを常備して、いつでも教材研究ができるように準備しておきましょう。教材研究の方法については次項で紹介しますが、ここでは教材研究ノートの種類をいくつか紹介します。自分に合ったノートをつくりましょう。

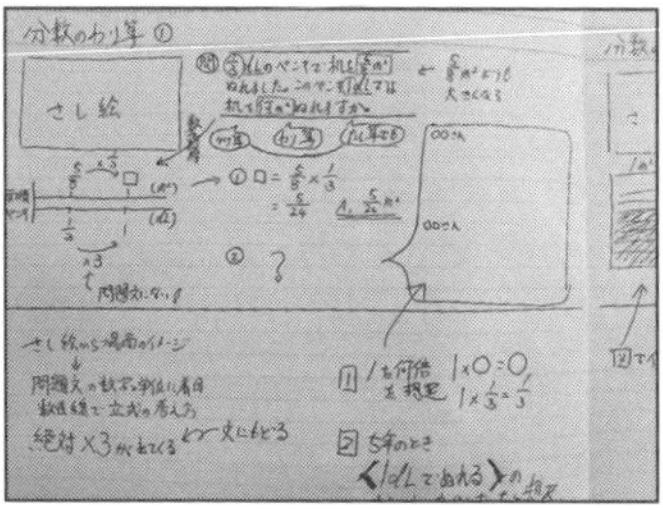

大学ノート型
シンプルで使いやすくもち運びしやすい。汎用性は低い。

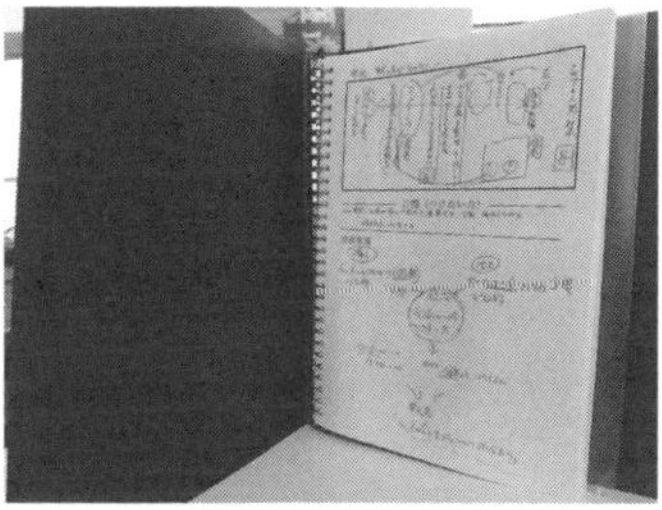

バインダー型
機能的で自由度が高い。型をつくって印刷も可。万能タイプ。

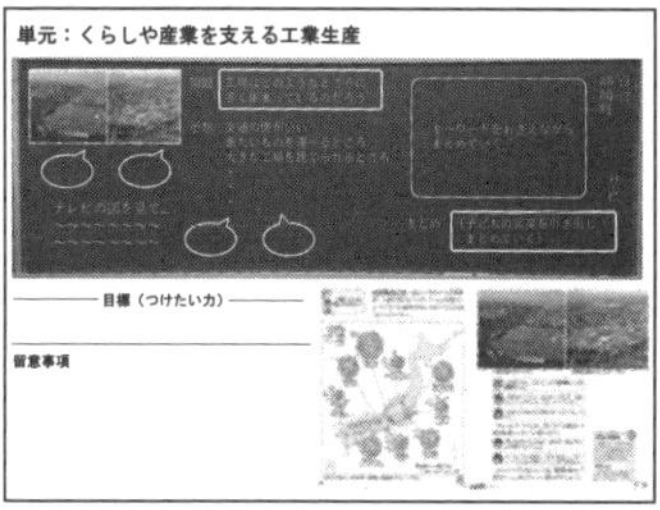

ICT 型
一番自由度が高く、クラウドも魅力的。使いこなすのが難しい。

Point

教材研究ノートは肌身離さずもち歩こう

鉄則 68

隙間時間に教材研究をして後回しにしない

≫教材研究の時間3選

勤務時間の中で、教材研究のためにまとまった時間がとれればよいのですが、なかなか難しいのが現実だと思います。そこで、基本的には次のような隙間時間を活用して教材研究をしてはどうでしょうか。

①授業直後の休み時間

授業直後であれば、子どもの様子や実際の単元の流れなどの情報が新鮮なため、効果的な授業の計画が立てやすくなります。

②授業中の子どもが集中している時間

練習問題や集中して取り組む必要がある課題をしている場合、教員の机間巡視がむしろじゃまになるときもあります。そうした数分も教材研究にあてることができます。

③会議直前の10分

会議直前は、同じ学年の人や同じ教科の人が集合し始めます。そのため、聞きたいことが聞けたり、授業についての打ち合わせをしたりすることもできます。

空き時間や会議などのない放課後など、まとまった時間をとれるときは、そうした時間を活用するのが一番よいのですが、こうした**隙間時間を活用することで教材研究を後回しにせずにすむ**ので試してみてはいかがでしょうか。

Point

3分でも時間がとれれば教材研究ができる

マインドセット
整理整頓
事務処理 校務
学級経営
教材研究 授業準備
人間関係 自己成長

鉄則 69

板書計画を工夫して後回しにしない

≫板書計画は1授業5分

私の知り合いが、板書計画を立てないと不安で授業ができないけれど、板書計画を立てることと自体が負担だと嘆いていました。よくよく話を聞いてみると、1授業の板書計画に30～40分かけていることがわかりました。1日6時間の授業があれば、3～4時間を板書計画に費やすことになります。

授業は生き物です。どんなに板書計画を綿密に立てたとしても、子どもの反応や動きで授業は変わるものです。綿密すぎる板書計画は、そうした変則的な事態に対応する余白がなくなり、自分を苦しめることにもつながります。そのため、板書計画は1授業5分にしましょう。

計画するのは3割

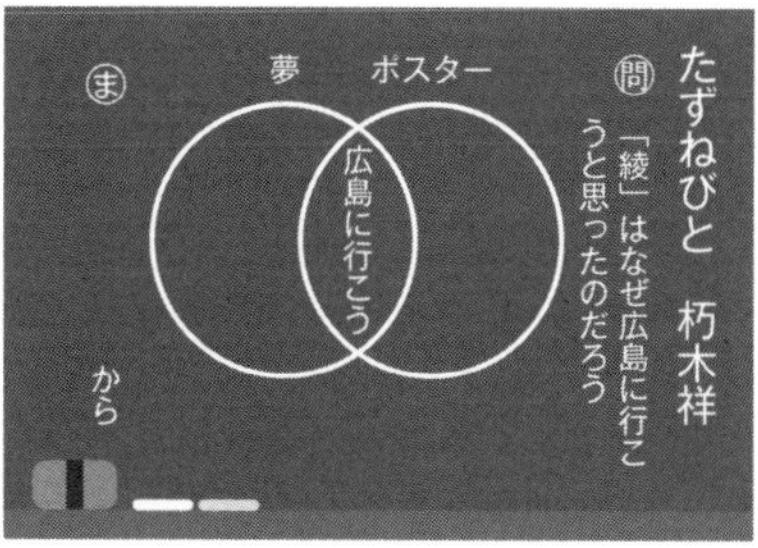

効率的に、短時間で、余白のある板書計画を立てるために必要なことは、3割しか計画しないことです。**教材名、めあてや問題、大まかな構造の3つで十分**です。残りは子どもの発言を書いたり、子どもに板書をしてもらったりするスペースにします。

上の図は、実際に私が行った板書計画を示しています。おおむねの授業計画はできていたので、先ほどの3つの要素しか書いていません。もしかしたら、子どもの発言によっては問題も変わる可能性があります。このように、子どもの動きを中心に授業をつくっていこうとすれば、綿密な板書計画が必要なくなります。

Point

構造は教員がつくる、授業は子どもがつくる

鉄則 70

授業準備のＩＣＴ化を後回しにしない

印刷の時代は終わる

授業準備の中で、資料の印刷に時間がかかることがあります。人数分の印刷をする時間はもちろん、ノートや黒板に貼るための大きさの調整など、案外時間をとられるものです。しかし、ＩＣＴを活用すれば、そもそも印刷をする必要も、ノートや黒板に貼る必要もなくなります。テレビなどの提示装置や子どもの端末の画面に投影することもできます。さらに、最近ではロイロノート・スクールやＳＫＹＭＥＮＵの発表ノート、ジェイアール四国コミュニケーションウェアのコラボノートなど、ノート機能をもつアプリも多く、紙のノートでまとめることも少なくなっています。**「印刷する」という手間をかける時代は終わりそうです。**

≫クラウド機能でいつでもどこでも教材研究

ＩＣＴを活用するメリットとして、クラウド機能の活用も忘れてはいけません。クラウド機能は、１つアカウントをもっていれば、どんなデバイスからでもデータにアクセスできるというものです。教材研究や板書計画をＩＣＴ化して、データをクラウドに保存していれば、学校からでも家からでも、どこからでもアクセスできます。

ただ、情報漏洩には注意する必要があります。個人情報や学校の機密情報などは漏洩したら大問題です。様々なデバイスからアクセスできるというメリットは、大きなデメリットにもなり得ることを認知しておきましょう。自治体によっては、データの保存に関して規制や規定があるかもしれません。活用の際は十分に注意しましょう。

Point

ICTを活用して、紙に頼らず授業準備・教材研究をしよう

鉄則 71

授業をしない時間を計画して後回しにしない

》子どもも教員も勉強する時間

「授業をしない時間」というと誤解されるかもしれませんが、つまりは「授業を進めない時間」ということです。具体的には、子どもが練習プリントやワークブックに取り組む時間、学習成果物を製作する時間、図工や美術の製作時間、国語の並行読書をする時間、そしてテストを実施する時間などが考えられます。

このような時間が確保できれば、**子どもたちが課題に取り組んでいる間、教員は教材研究や授業準備をする時間を確保することができます。**もちろん、机間巡視や個別対応も必要になりますが、それでもまとまった時間をとることができます。

子どもにとっても必要な時間

授業を進めない時間を設定して、教材研究や授業準備ができる時間を確保することは子どもたちにとっても必要なのです。図工や美術の製作時間はもちろん、練習プリントやワークブックなどは学習を定着させるために必要ですし、並行読書の時間は、より多くの作品を読むことで優れた物語や表現、作者や筆者の考え方に出合うことができます。

授業を進めない時間は、子どもたちが集中して学びを深める時間にもなるのです。決して教員が楽をしようとする時間ではなく、子どもと一緒に勉強する時間として設定してみてはいかがでしょうか。

Point

子どもと一緒に勉強する時間を設定して、教材研究や授業準備をしよう

マインドセット
整理整頓
事務処理 校務
学級経営
教材研究 授業準備
人間関係 自己成長

鉄則 72

授業の「型」づくりを後回しにしない

≫「型」で効率アップ

教材研究を効率的に行うポイントとして、授業の型をつくることが考えられます。私は理科教育を専門としていますが、理科には問題解決の流れがあります。①自然事象への働きかけ→②問題の把握・設定→③予想・仮説の設定→④検証計画の立案→⑤観察・実験→⑥結果の整理→⑦考察→⑧結論の導出という流れです。

もちろん、オーダーメイドな授業を創造することも必要になる場合もあります。また、すべての教材が型にぴったりとはまるわけではありませんが、**自分なりの授業の型をもっておくことは、効率的に質のよい授業を考えるポイント**となります。

≫「型」は子どもにとってもメリットがある

授業の型は、子どもにとってもメリットがあります。それは、変化が苦手な子どもが安心して授業を受けられるというものです。授業の流れがおおよそ決まっていれば、子どもたちは「次はこれをする」と予測できます。子どもの中には、予測できないことに不安を覚える子もいます。教員の工夫として、授業の流れを示すなどの取り組みも考えられますが、授業の流れが決まっていれば、授業の流れを毎回提示する必要がなくなります。

ただし、1つの型に甘んじてはいけないと思っています。子どもたちからフィードバックを受け、仮説検証を繰り返しながらよりよい授業の型を探し求めることは、我々教員にとって必要な素養といえるでしょう。

Point

よりよい授業の型を探して、教材研究の効率化を図ろう

鉄則 73

教材研究の「型」づくりを後回しにしない

≫ 育成したい資質・能力をとらえる

授業の型をつくると、教材研究もその型に沿ったものになっていきます。教科によって特性が違うため、授業や教材研究の型をつくろうとすると教科によって変わってきます。しかし、教材研究としてすべての教科に共通することは、その授業で育みたい資質・能力は何かをとらえることです。そして、子どもの実態を踏まえて、どのような手立て、活動が必要になってくるのかを考えていきます。**教材研究が迷走する一番の要因として、授業の出口での子どもの姿が明確でないということ**が考えられます。教員がやりたい授業ではなく、子どもの実態をとらえて、育成したい資質・能力を身につけるために必要な授業は何かを考える必要があります。

≫導入・展開・終末

小学校教員である私は、様々な教科の授業をします。すべての授業が全く同じ流れではありませんが、およそ授業の型は決まっています。具体的には次のようなものです。

①導入：導入では、到達目標（ゴール）を明確にするために、子どもの発言を中心にどのようなめあてや問題にするかを考えておきます。

②展開：展開では、共有、関係づけ、合意形成、創造などの活動があり、そこで何をするか、子ども相互の働きかけをどのように促進するかを考えます。

③終末：終末では、到達目標（ゴール）と照らし合わせて、どのような視点でその授業の学習を振り返るかを、次時へのつながりも含めて考えます。

Point

育みたい資質・能力を中心に教材研究をしよう

鉄則 74

指導書を頼って後回しにしない

≫指導書は宝箱

みなさんは、各教科の指導書を活用していますか。中には、研究授業のときに開くくらい……という方もおられるかもしれません。普段の教材研究では、教師用の朱書き教科書を主に活用している人も多いと思います。

しかし、指導書というのは教科書会社と専門家が練りに練って作成している、**いわば教材研究の宝箱のようなもの**です。教材の特性やその活かし方、適切な授業展開などがとても精緻に示されています。授業展開が思いつかなくて教材研究を後回しにするくらいだったら、指導書を大いに活用しましょう。

≫教育書として読む指導書

私は『図解&資料でとにかくわかりやすい　理科授業のつくり方』という教育書を執筆させていただきました。手前味噌ですが、本当によい本ができたと思っております。世の中には、数多に教育書が存在しますが、書店で販売されている教育書と同じような感覚で指導書を読んでみることをおすすめします。

先述しましたが、指導書は教材研究の宝箱のようなものです。隅から隅まで読んでみると、とんでもない発見をすることもあります。少し難しく感じることもあるかもしれませんが、研究的知見や実践的知見なども散見され、熟読して実践すれば市販されている教育書並み、またはそれ以上の価値を感じることもあります。教材研究に困ったときは、ぜひ指導書を頼ってみてください。

Point

指導書を頼って効率的に教材研究をしよう

鉄則75

先輩を頼って後回しにしない

≫亀の甲より年の劫

「亀の甲より年の劫」ということわざを聞いたことがあると思います。年長者の長年の経験がいかに貴重であるかという意味があります。団塊の世代の一斉退職を境に、教員の年齢層も非常に若年化しています。10～15年の教員経験があれば、もう中堅と呼ばれる世代になります。また、20年以上の教員経験がある人は、もはやベテランと呼ばれます。30代で管理職になる教員もめずらしくなくなっていて、一昔前では考えられないような状況になっています。このような時代に、経験豊富な諸先輩方の知識や知恵はとても貴重なものなのです。

≫ マネをするのも大事

先輩を頼ることが、なぜ後回しをなくすことになるのかというと、授業づくりや教材研究で困ったときには、それらを後回しにせずに先輩に聞くことで解決できるからです。特に教員という職業は、よくも悪くも教えたがりが多いのです。授業のことで困っていると伝えると、すぐにアドバイスをくれます。そのアドバイスをとりあえず取り入れて、先輩のマネをしてみるのです。

「学ぶ」は「真似ぶ」が由来だといわれています。先輩の実践には、若手には想像もつかないような深みがあるかもしれません。先輩はどんどん活用して、その知識や経験をどんどん吸収していくことで、より質の高い教育を実践することができるようになるのです。

Point

困ったら先輩のマネをしよう

鉄則 76

子どもを頼って後回しにしない

≫授業を子ども主導にする

教材研究や授業計画に時間がかかる人の多くは、教員が授業で何を教えるか、どんな活動をさせるか、と教員主導で授業を展開しようとしている傾向があるように感じています。「どのように教えようか」と綿密に計画しても、子どもたちはこちらの思惑通りに反応しないものです。

そこで、授業を教員主導のものから子ども主導のものに切り替えてみるのです。子どもが学習の計画を立てる、学習を深める、学習をまとめるという流れで構成します。すると、おのずと必要なこちらの準備が見えてくるのです。

≫子どもが自走する

指導者である我々教員の、授業における役割とは何なのでしょうか。私は、小さい子どもが自転車に乗れるように少し手助けをしている親のような役割だと感じています。つまり、**最終的には自分1人の力で走れるように、自走できるように支え、うながし、導くもの**だと思います。

しかし、いまだに多くの授業では教員主導で学習が進められています。少しずつでも子どもの力を信じて、子どもに授業を預けていきましょう。もちろん、いきなり手を離すと転んでしまいます。はじめは丁寧に乗り方を、つまり学習の進め方や取り組み方を指導する必要があります。子どもたちの様子を見ながら、少しずつ自転車を押さえる手の力をゆるめていくようにしてみましょう。

Point

子どもの力を信じて少しずつ授業を任せてみよう

6章

「後回しにしない」人間関係・自己成長の鉄則100

鉄則 77

無断欠席の連絡を後回しにしない

子どもの安全が最優先

ここ数年、大変痛ましい事件が続いています。それは、保育園に来ていない園児を確認していたのに、保護者への連絡をしていなかったことが原因で園児が亡くなってしまう事件です。もし園側が早急に保護者に連絡していたら、そのような事件は起こっていなかったでしょう。

子どもが欠席する場合に保護者が学校に連絡をし忘れることはあるかもしれません。しかし、もしかしたら家を出て学校へ来るまでの通学路で何か事件や事故に巻き込まれていたり、体調が急変して倒れていたりするかもしれません。そのような場合でも、保護者への連絡があれば救われる命があるという意識をもつ必要があるのです。

1時間目が始まるまでに

子どもが連絡もなく欠席している場合、可能な限り1時間目が始まるまでに保護者に連絡しましょう。もしかしたら事前に保護者からの連絡があったのに教員が忘れているだけということもあるかもしれませんが、その可能性があったとしても連絡する必要があります。

学校によっては、無断欠席があった場合に保護者に連絡する担当の職員がいることもあります。人員に余裕があればぜひそうした取り組みを取り入れてみましょう。しかし、朝の時間はバタバタしていて、どうしても1時間目までに電話連絡ができないことがあります。そのようなときでも、せめて1時間目後の休み時間には保護者に電話連絡をするようにしましょう。何より大切なのは子どもの安全に他なりません。

Point

無断欠席があったら何としてでも保護者に電話連絡をしよう

鉄則78

子どものケガの連絡を後回しにしない

≫「あんたどうしたんそのケガ」

学校で子どもがケガをして家に帰ってきたとき、保護者はどんな反応をするでしょうか。その答えは「あんたどうしたんそのケガ」です。子どものケガは保護者にとってはとても心配です。子どもが「転んでケガをした」と説明しても、保護者としては心配が消えることはありません。「もしかしたら誰かにケガをさせられたんじゃないだろうか」と思いますし、「先生はこれを知っているのだろうか」とも思います。

このように、**保護者にとっては子どものケガは非常に心配や不安のもと**となります。そこで担任の先生から一言でも連絡があれば、とりあえずの事実確認がとれて安心できるし、担任への信頼感も出てくるのです。

取り返しのつかない大ケガ

私が初任者のとき、先輩の教員に「首から上のケガは、必ず保護者連絡するように」と教えてもらったことがあります。実はこの先輩は、子どもの頭のケガを連絡せず、保護者から大変なお叱りを受けたことがあります。その子どもは帰宅してから頭痛がひどくなり、病院でＣＴ検査をすることになったのです。もちろん信頼はがた落ち。その教訓として私にアドバイスしてくれたのです。

ただ、本質は「保護者に叱られるから」ではなく、取り返しのつかない事態を防ぐことにあります。首から上のケガはもちろん、骨折も見た目ではわかりませんし、少しの傷でも化膿することもあります。保護者への連絡が少しでも頭をよぎったら、それは連絡をするべきなのです。

Point

保護者と子どもの信頼・安心・安全のために連絡しよう

鉄則 79

いじめ被害の連絡を後回しにしない

「親には言わんといてな」

ある子どもが、明らかにいじめ行為を受けていることがわかりました。担任もそのいじめの現場を見かけて、いじめをしていた子どもを指導しました。すると、いじめ行為を受けていた子どもが担任に「親には言わんといてな」と言いました。担任は迷いましたが、子どもと約束したということで、保護者への連絡はしませんでした。すると1か月後、担任はいじめ行為を受けていた子どもの保護者から、連絡帳に長文で抗議の内容を受け取りました。実はその後もいじめ行為は続いていて、担任がいじめ行為を知っていながらなぜ連絡しなかったのかという憤りが、そこには書かれていました。もし担任が保護者に連絡していたら、もっと早急な対応や発見ができたかもしれません。

まずは説得を、そしてこっそりでも連絡を

先ほどの事例は、私の先輩が若手の頃にしてしまったことのようです。もちろん先輩は反省していましたが、保護者の怒りはもっともな話です。

子どもは、親に心配をかけたくない一心で「親には言わなくていい」と言ってしまうことがあります。もちろん、**子どもとの約束を守ることは大切ですが、保護者へ連絡することは、私たち教員の義務**と言っても過言ではありません。まずは「たくさんの大人で見守りたい」ということを伝えて、子どもを説得してみましょう。それでも保護者への連絡を嫌がるようであれば、保護者連絡の際に「本人は言わなくていいと言っていたので、私から連絡があったことは伝えなくてもいいですが、様子を見ていただきたくて」と前置きをしてから事案を伝えるようにしましょう。

Point

保護者と連携しながら子どもを見守ることは教員の義務

マインドセット
整理整頓
事務処理
校務
学級経営
教材研究
授業準備
人間関係
自己成長

鉄則 80

保護者への家庭訪問を後回しにしない

直接会って話すよさ

保護者への連絡の方法としては、連絡帳に書く、電話をかける、家庭訪問をする、の3つがあります。伝わり方の濃度が一番高いのは、やはり家庭訪問になります。**保護者と直接会って話をすることで、お互いの表情や空気感、声に含まれる感情や言葉の端々から読み取れる思いなどが伝わりやすい**のです。

そして何より、誠実さが伝わります。例えばこちらのミスで子どもを傷つけてしまったり、大変深刻な問題が起きたりしたときに連絡帳で知らされるとどのように受け取るでしょうか。それよりも家庭訪問で直接会って話をしてくれた方が、保護者としても安心できるし、信頼できるのです。

子どもと一緒に帰って家庭訪問

私の先輩の話です。その先輩は、保護者が家で子どもの下校を待っているような子どもに何かトラブルが起きた場合、よく子どもと一緒に下校してそのまま家庭訪問をしていました。理由を聞いてみると「誤った情報が伝わらないようにしている」とのことでした。子どもの目の前で事実関係を確認しながら情報を伝えていたそうです。

子どもが家で、学校であったことを話すときに、本人に悪気はないけれど情報が歪曲して伝わることがあります。お互いに非があるのに一方的な被害者として伝わったり、情報の肝心な部分が抜けていたりすることがあります。そのような事態を防ぎ、正確に情報を伝えることは、教員にとっても、保護者にとっても大切なこととなります。これは非常に有効な家庭訪問の方法だと感じました。

Point

緊急性、重要性のあるものは家庭訪問が一番

鉄則 81

個人懇談会では「聴く」を後回しにしない

思いを受け止める

学期の終わりが近づくと保護者との個人懇談会があります。学校や保護者の人数にもよりますが、短い時間の中で子どものことについて話をしなければなりません。教員はその職業柄、学校の様子や学習の状況などをたくさん話したくなります。学習も学校生活も何も問題なく過ごせている場合は、特に問題がありません。しかし、学校や担任に対する不信感、学校生活や学習状況に対する不安、家庭で抱えている問題などを保護者が話したいと思っている場合があります。このような場合、教員がまずたくさん話をしてしまうと、大変困ることが起こってきます。

まず、時間の問題です。懇談会では、後に別の保護者が控えている場合が多いです。先にこちらがたくさん話をしてしまうと、残りわずかな時間で保護者がたくさん伝えたいことを話してきた場合、時間が延びることになります。そうすると、次に懇談を控えている保護者を待たせることになってしまいます。

次に不満の問題です。保護者が話し始めたにもかかわらず、時間がきたということで懇談を終わらせると、保護者は「聞いてくれなかった」という不満をもつことになります。また、そもそも保護者が不信感や不満をもっているのに、教員側が話すことを快く聞けるでしょうか。「いつまでしゃべっているんだ」と不満を増幅させることもあるかもしれません。

そういった事態を防ぐために、まず保護者の話を先に「聴く」ことが必要になります。まずは保護者の思いを受け止め、そこから、保護者は何を知りたいのか、何を求めているのかを判断して、教員側はそれに沿った話をすることが必要だと思います。

Point

個人懇談会は「聴く」から始めよう

鉄則 82

管理職への確認を後回しにしない

≫管理職は責任をとる役職

みなさんは、管理職とのコミュニケーションをどれくらいとっているでしょうか。私は毎日、校長、教頭、主幹教諭とコミュニケーションをとっています。なんなら、退勤時には校長室まで行き「お先に帰ります。おつかれさまです」と校長に声をかけています。

学校では様々な問題が発生します。そんなときに、教員を守ってくれたりフォローをしてくれたり、または責任をとってくれたりするのが管理職です。**報告・連絡・相談がしやすいように普段から管理職との関係を築いておく必要があります。**学級での問題、職員室での問題、1人で判断できないことなどはすぐに伝えるようにしましょう。そのためにも普段から良好な関係を築いておくのです。

≫管理職に伝えること

①学級での問題　：生徒指導主事への報告はもちろん、管理職へも報告しましょう。

②保護者からの要望：懇談や電話連絡で、保護者から受けた要望については、自分１人で判断せずに管理職に報告、確認をしましょう。

③対人関係の問題：職員から受けたハラスメントや人間関係などの対人関係の問題は１人で抱え込まずに、管理職に相談しましょう。

④職務上の問題　：校務分掌や勤務体系などに関する問題を相談するようにしましょう。

Point

管理職との関係づくりは安心して働くために超大切

鉄則83

あいさつを後回しにしない

≫あ・い・さ・つの「あ」

「あ・い・さ・つの『あ』は、『相手を見て』。『い』は『いつでも』。『さ』は『先に』。『つ』は『伝える』。今月の生活目標は、『気持ちのいいあいさつをしよう』です。みなさんも、元気にあいさつをしましょう！」と朝会で子どもに説明していた先生が、その日の退勤時に誰とも目を合わせずに、こっそり小さな声で「おつかれさまです」と言って帰っていった。

こんな笑い話のようなことが、みなさんの職場で起こっていませんか。あいさつの大切さを説く教員という立場ですが、案外、職員間ではそれが大切にされていないということも少なくないのです。

あいさつはその日の第一印象

初めて会った人の第一印象は、なかなか変えることができないという話をよく聞きます。それほど、第一印象というのは重要なのです。初対面のときだけではなく、その日初めて会うときの印象、つまり**その日の第一印象も重要**だと思っています。

職場には苦手な人や、関わりにくい人など、いろいろな人がいると思います。しかし、そんな相手にこそあいさつが必要だと思います。「相手を見て・いつでも・先に・伝える」あいさつができれば、相手のあなたに対するその日の第一印象もよいものになるでしょう。ときには相手に無視されることや、気づいてもらえないこともあるかもしれません。それでもあきらめずに伝わるあいさつを続けましょう。あいさつに応えるかどうかは相手の問題、あいさつをするかどうかは自分の問題なのです。

Point

相手を見て・いつでも・先に・伝える　あいさつをしよう

鉄則84

苦手な人との関わりを後回しにしない

≫相嫌相悪

あなたは職場に、苦手な人はいませんか。価値観が合わない人、口調や態度が粗暴な人、無愛想でとっつきにくい人、職場では様々な個性をもった同僚が働いています。まったく関わらなくてすむなら、それが一番よいと思います。しかし、任された立場や分掌などで、どうしても関わらなければならないときもあるでしょう。

きっとあなたは「この人、苦手だなぁ」と思いながら、その人と関わることになります。実はそうした思いや態度は、相手に伝わっているのです。そして相手も、あなたに対してあまりよい印象をもてなくなります。つまりお互いに苦手意識がある相嫌相悪（そんな言葉はありませんが）になってしまうのです。

単純接触効果を生かそう

4章で述べた「単純接触効果」を覚えていますか。人は接触を繰り返すほど、その人への興味が高まるというものです。4章では、子どもとの関係を深めるためのものとして述べましたが、これは大人同士でも効果があると考えられます。

苦手だと感じていると、自然とその苦手な人との接触が減っていきます。そうすると、より一層関係を築くのが難しくなります。そこで、**意識して自分から関わるようにしていくのです。**クラスの子どもの話や行事の話、または趣味の話や家族の話など、それも難しければ天気の話でもよいと思います。とにかく意識して話をしてみましょう。それでも一向に関係が変わらなかったり、関わることで深くストレスを感じてしまったりする場合は離れればよいだけです。まずは一歩を踏み出してみましょう。

Point

苦手な人こそ自分から意識して関わりにいこう

鉄則 85

自分をわかってもらうことを後回しにしない

≫田中さんはこういう人

私は、職場ではとにかく自己開示をします。性格の話や家庭の話、さらには生い立ちの話まで、自分からどんどん開示していきます。そこには1つの目的があります。それは、自分のキャラ設定を知ってもらうことです。つまり、「田中さんはこういう人」だと認識してもらうのです。

それには理由があります。職場で私は、いわゆる「変な人」だからです。会議や議論の場ではとにかく自分の意見を主張します。学校が長年、伝統として行ってきたことも、不要と思えばやめます。分掌の主任になれば、すぐに新しい体制づくりを進めます。独自の教育実践を進めて、それを職員に発信します。伝統や文化を重んじる人には、組織や学校の伝統を壊そうとしているという印象をもたれます。教育実践でも、自分しかできない変なことをする人だと思われることもあります。

伝統や文化は、手法や方略にとらわれてしまって、本質が見えなくなることがあります。私はその「本質」にもとづいて取り組もうと意識しています。しかし、他の人からすると、手法を壊そうとしているように感じられます。そこで私は、「そうじゃないんだよ。こういう考えなんだよ。みんなを否定しているわけじゃなくて、自分の意見を主張したがる人なんだよ」ということを知ってもらうために、積極的に自己開示をします。

少し周りと感覚が違う人は、どうしても職場で浮いた存在になりがちです。それは、周りと自分とで、見ている世界が違うからなのだと思います。その見ている世界を少しずつでも周りに理解してもらうようにしていくことも、職場での居場所をつくる工夫の1つなのです。

Point

キャラ設定とその背景まで理解してもらおう

鉄則86

理解することを後回しにしない

≫コヴィー先生の教え

スティーブン・R・コヴィー著『7つの習慣』は世界的ベストセラーになっています。その著書の中で、第5の習慣に「まず理解に徹し、そして理解される」というものがあります。

前項は「自分をわかってもらうことを後回しにしない」というタイトルにしましたが、コヴィー先生の教えに従うと、まず相手を理解することが先にくるようです。私は自己主張が強いので、先に自分をわかってもらうことを書いてしまいましたが、別の見方をすると「相手を理解しようとしている自分を理解してもらう」ことでもあると思っています。円滑なコミュニケーションのために、相手を理解しようとすることは必須なのです。

聞くレベル

またまたコヴィー先生の『7つの習慣』からの引用になりますが、その著書の中で、「聞く」には5つのレベルがあるとされています。**1つ目のレベルは「相手を無視すること」です。2つ目のレベルは「聞くふりをすること」です。3つ目のレベルは「選択的に聞くこと」です。4つ目のレベルは「注意して聞くこと」です。そして、一番高いレベルは「相手の身になって聞く、共感による傾聴」**だとされています。

日本語には、親身になって話を聞くという言葉があります。日本人が大切にしてきたこの「親身になって話を聞く」という態度は、コヴィー先生からすると、ハイレベルな聞き方だったのです。実は聞いているようで聞いていない人はたくさんいます。そうではなく、相手の身になり、共感しながら相手の話を聞き、理解に徹することが大切です。

Point

親身になって相手の話を聞き、相手のことを理解しよう

マインドセット
整理整頓
事務処理 校務
学級経営
教材研究 授業準備
人間関係 自己成長

鉄則 87

ハラスメントを後回しにしない

≫ハラスメントとは

ハラスメントには様々なものがありますが、主にパワハラ、セクハラが考えられます。厚生労働省はそれぞれについて定義しています。しかし、「ハラスメント」という言葉でうやむやにされていますが、はっきりいえば**「いじめ」であり「人権侵害」に他なりません。**職場には、ハラスメントの相談窓口役が設定されています。「これくらいで相談したら迷惑かな」と思わずに、小さいことでもすぐに相談するようにしましょう。

万が一、職場の相談窓口役がハラスメントの加害者だったり、相談しても改善への取り組みが進まなかったりする場合は、各自治体や文部科学省、厚生労働省にも外部窓口が設置されているので、そこへ相談することも考えられます。

自分の身、他人の身

どんな些細なことでも、まずは相談することが大切です。それは自分の身に降りかかるハラスメントも他人の身に降りかかるハラスメントも同じです。

まず一番大切なことは、自分に対するハラスメント対応です。「職場での関係が悪くなるかも」「相談したら迷惑がかかるかも」と臆してしまう人もいるようです。そのような危惧がある場合は、教職員の強みである転勤という方法もあることを忘れないようにしましょう。

また、他の人がハラスメントを受けているのを見たり聞いたりしているだけでも、職場の雰囲気が悪くなりますし、自分へのストレスの原因にもなります。相談は何も本人に限るわけではありません。みんなで助けてあげましょう。

Point

少しでも悩んだらまずは相談しよう

鉄則 88

チャレンジすることを後回しにしない

≫能わざるに非ず、為さざるなり

かつて孟子は、「能わざるに非ず、為さざるなり」という言葉を残したそうです。意味は「できないのではなく、やらないだけなのだ」というものです。

例えば、もっと授業力をつけたいと思っていても「忙しいから」「お金がかかるから」などと、もっともらしい理由を探して実行に移さないという場面がよく見られます。これは、できない理由ではなく、やらないための言い訳なのだと思います。

新しいことにチャレンジすることは、不安もあり、時間もかかり、お金がかかることもあります。しかし、**やらない言い訳を探すくらいなら、できる方法を考える**方が、よほど有意義だと思います。

≫私の話

私の1冊目の書籍は『図解&資料でとにかくわかりやすい　理科授業のつくり方』という本です。実はこの1冊目は、私が明治図書出版に直接メールを送り、企画をもち込んで実現したのです。中には、出版社の方から声をかけられる人もいますが、私のように自分からもち込む人も多いようです。

「いつか本を出したいなぁ。誰か声をかけてくれないかなぁ」と待っていたら、一生書籍の執筆をしていなかったかもしれません。西郷隆盛率いる薩摩藩は、失敗したとしても何かに挑戦した人を評価していたとされています。失敗を恐れずに、とにかくやってみる精神が大切なのだと思います。そんな気持ちで書いた『図解&資料でとにかくわかりやすい　理科授業のつくり方』も、ぜひお買い求めください。

Point

チャレンジすることに意味がある

マインドセット
整理整頓
事務処理 校務
学級経営
教材研究 授業準備
人間関係 自己成長

鉄則 89

環境探しを後回しにしない

≫研究会

私は堺市の初等研究会理科部に所属しています。また、日本理科教育学会にも所属しています。他にもいくつか私的な教育サークルにも所属しています。

このように、身の回りには○○研究会や□□サークルといったものが実はたくさんあるのです。そのような研究会で実践を発信したり、論文を執筆したり、または全国大会などで授業をしたりすることができます。そうした研究会には、とても意欲的で熱心な教員や研究者の方々がたくさん所属しています。そこで教育について議論を交わしたり、共に研究に励んだりすることは、非常に刺激になります。「自分も負けていられない」という気持ちになるのです。

≫研修会

所属する自治体が発信する様々な研修が校内で紹介されていると思いますが、「ふーん」と右から左へ流していませんか。こういった研修会に参加することも、自分の力をつけることにつながります。

また、外部の研修にも参加することができます。インターネットで検索すれば、教育関係のセミナーや勉強会を紹介しているサイトもあります。有料の場合もありますが、無料のものもたくさんあります。また、今ではオンラインで参加できるものも増えてきて、遠方の開催にもかかわらず画面越しで参加できるものもあります。

アンテナさえ張れば、いくらでも研修会や勉強会の情報を受信することができます。自分が成長できる環境を探してみましょう。

Point

研究会や研修会に対するアンテナを張ろう

鉄則 90

環境づくりを後回しにしない

≫校内勉強会を開催する

ＧＩＧＡスクール構想により、１人１台端末が配備されました。しかし、教員の中でのＩＣＴ活用が依然として進んでいない感がいなめません。教員も普段から多忙で、ＩＣＴ活用に関する勉強をする時間も捻出できないのが現状です。そこで私は、所属している学校で「ＩＣＴ活用ミニミニ勉強会」を開催することにしました。時間は15分と短時間ですが、とても好評でした。

何か現状の課題やテーマが、各学校、各人にあると思います。そのような課題を解決したり、より発展させたりするために参加自由の勉強会を校内で開催してみてはどうでしょうか。まずは管理職や研究主任に相談してみましょう。

≫教育サークルをつくる

私は、自分で2つの教育サークルを立ち上げています。1つ目は、もともとコロナ禍になる前につくったもので、1つの小学校に集まり、授業実践を交流していました。しかし、コロナ禍になり実際に集まることが難しくなりました。そこで、1つ目を情報発信専用に切り替えて、2つ目としてオンライン教育サークルを立ち上げました。全国の教員がオンラインで実践や教育観について発信する会員制のサークルです。

これらは、「もっとこんな環境がほしい」と思って、自分のために立ち上げたものです。このように、ほしい環境がなければ、自分でつくることも可能です。サークルは法人ではないので、うまくいかなければすぐにやめてしまっても、何も問題ありません。2人いれば、今すぐにでも立ち上げることができます。**ないならつくる**のです。

Point

環境は自分でつくれるもの

鉄則 91

よい授業を見ることを後回しにしない

≫出稽古

私は、合気道という武道をしていました。実は、合気道という1つの武道にも○○流や□□会など、様々な団体や流派があるのです。そうした他の道場へ稽古に出向くことを「出稽古」といっていました。この出稽古では、自分の道場で稽古（内稽古）をしていたら気づかないようなことにたくさん気づくことができます。

これは我々教員にも同じことがいえると思います。**他の学校へ授業を見学しに行ったり、他の自治体の学校へ授業を見学しに行ったりすることで新しい発見や知見の深まりを感じられます。**また、公立と附属でも、授業の雰囲気が全然違います。チャンスがあればすぐにでも出稽古をしてみることをおすすめします。

授業を見る視点

では、出稽古ではどのような視点で授業を見ればよいのでしょうか。立場や目的などによって変わってくると思われますが、私は主に次の３つを意識しています。

①技術性：授業者はどのような授業技術を駆使、発揮しているのかという視点
②合理性：目標達成に向けて道理にかなった指導かどうかという視点
③再現性：自分が再現しようとするならどのような工夫をすればよいかという視点

私は必ず「おみやげ」をもって帰るように心がけています。つまり、明日からの授業に活かせるものを常に探そうとする姿勢で出稽古を受けることが大切だと思っています。

Point

授業見学に行ったらおみやげをもって帰ろう

鉄則 92

授業記録を後回しにしない

≫板書は写真で保存する

授業力を向上させる簡単な方法は、自分の授業を振り返ることです。授業が成功したら、なぜよい授業ができたのか、授業が失敗したら、なぜよい授業ができなかったのかを振り返ると、おのずと何がよくて何がよくないのかがわかってきます。

自分の授業を振り返るためには、授業を記録する必要があります。一番効率がよいのは、授業後の板書を写真で保存することです。子どもが学校にいる間は、授業を振り返る余裕があまりありません。板書を写真で保存しておけば、放課後に振り返ることもできるし、帰宅後に自宅で振り返ることもできます。できればノートやWordなどで写真と共に文章でも振り返りを記録しておくと、さらに効果的だと思います。

≫授業を録画する

板書を写真で保存する方法は、とても簡単な授業記録になりますが、もう少し労力をかけられるなら、自分の授業を録画するという方法があります。これは、子どもが映ってしまう恐れがあるので、校外へはもち出せませんが、自分の授業を録画して、後で見返す振り返りは、とてつもなく効果があります。一度でよいので試してみましょう。とっても恥ずかしい思いをします。自分の授業を見ることがどれだけ恥ずかしいか……。

しかし、思ってもみなかった自分の癖に気づいたり、話し方や指名の仕方、授業のスキル不足や指導の改善点がわかったりと、とても明確に自分の授業を振り返ることができます。注意点としては、私物のカメラで撮影することは危険です。必ず管理職に相談して、学校のカメラで撮影するようにしましょう。

Point

自分の授業を日頃から振り返る習慣をつけよう

鉄則 93

恥をかくことを後回しにしない

≫ 失敗の数と成功の数

営業職をしている友人が私にこんな話をしてきました。「営業成績が高い人には共通点があるんだ。何だと思う？　それは失敗した数が他の人の数倍多いことなんだ」この友人は、この話をした後に、営業の成績が伸びて、課内でトップをとれたようです。

なぜ失敗の数が多い営業の人は営業の成績が高いのでしょうか。それは、**失敗の数＝挑戦した数**だからです。営業先で邪険にされることもあるし、怒られることもあるでしょう。失敗すると恥ずかしいですが、その失敗の数、つまり恥をかいた数だけ営業スキルは高まります。そして挑戦した数だけ、成功の数もおのずと増えていくのです。恥はかけるときにかいておくことが重要なのだと思いました。

恥とは

ところで、本当の「恥」とは何なのでしょうか。吉田松陰は「武士はいつも恥という言葉を使うけれど、その武士が恥を知らない今日ほどひどい状態はない」と言ったそうです。日本は「恥の文化」といわれます。日本の文化に根差している「恥」ですが、私たちが感じている「恥」は本当に恥ずかしいことなのでしょうか。

私は、自己成長を妨げる原因の1つがこの「恥の誤認識」にあると思っています。つまり、失敗することは「恥」だという認識が誤っているのです。吉田松陰は先述の言葉の前に「恥を知らないことほど恥ずかしいことはない」と言ったそうです。これらのことから私は、失敗することは恥ずかしいことだという認識自体が「恥知らず」だという理念をもつことになりました。挑戦しないことこそ「恥」なのです。

Point

挑戦し失敗してかいた恥は、もはや「恥」じゃない

鉄則 94

会議や研究会で主張することを後回しにしない

≫ それでも先生ですか？

授業中、教員が発問をしたにもかかわらず、子どもたちが全然挙手をして発表しようとしなかったら、子どもたちにどのように切り返しますか。「教室は間違えるところだよ！」「自信がなくてもがんばって発表してみよう！」など、子どもたちに発破をかける人も多いと思います。しかし、職員の会議や研究会の討議になると教室で子どもたちに発破をかけていた先生たちが、まったく主張をしなくなるという現象が起きることがあります。本当は質問したいことがあるのに、「何かご質問はございませんか？」という問いかけに反応しなくなるのです。そのような場面を見たとき、私が思うことはいつも同じです。

「それでも先生ですか？」

≫何をどのように主張するか

実は、主張ができない人は、**主張の仕方がわからないということが原因の1つ**にあると思っています。また、「何を」「どのように」主張するかは、意外と重要なのです。

何を

- 質問
- 感想
- 自分の考え
- 反対意見
- 状況の確認

↓

どのように

- 要点を絞って
- 主張を明確にして
- 関係づけながら
- 相手を認めながら
- 建設的に

Point

「何を」「どのように」主張するかを常に考えておこう

鉄則 95

議事録を共有することを後回しにしない

≫議事録の共有はタイムリーに

職員会議や各種委員会、学年会など、学校運営においてはたくさんの会議が存在します。おそらく多くの学校では、会議をする際に議事録をとっていると思います。しかし、その議事録が共有されていないことが多いと感じています。

ここでいう共有とは、どこかのファイルにデータが保存されていて、誰でも見られるようにしてあるということではありません。会議において、「何を話し合っているのか」「どのような展開になっているのか」「どのような結論が出たのか」などを**会議中に参加者全員が共有できている**ことを指します。会議を生産性の高いものにするためには、議事録はタイムリーに共有される必要があるのです。

共有の方法

会議の議事録をタイムリーに共有する方法としては、次のようなものが考えられます。

①板書する　：黒板やホワイトボードを活用して会議の内容を記録する

②Wordを表示する　：議事録をWordで記録しながら大型投影機等に表示する

③ホワイトボード機能：MicrosoftのWhiteboardやGoogleのJamboardなどで共有する

これらはすべて、写真や画像としてすぐに保存できるので、そのまま保存することもできますね。

Point

議事録を共有して会議をスマートに進めよう

鉄則 96

研修・セミナーへの参加を後回しにしない

≫ 無料と有料

「89　環境探しを後回しにしない」でも研修についてふれましたが、この項目ではもう少し詳しく研修について考えていきましょう。

研修やセミナーには、無料のものと有料のものがあります。無料の研修やセミナーは気軽に参加できるし、事情があって欠席しても金銭面の損失はありません。一方で、内容の質は保障されないと考えた方がよいでしょう。それは無料なので仕方のないことです。有料のものは、お金がかかるため気軽な参加は難しいですが、お金を支払っている分、参加する際の参加者の姿勢は前のめりなものになります。内容や講師も質が高いことが多く、いわゆる「身銭を切った」分のリターンがあることが多いのです。

≫ 集合型とオンライン型

さらに研修やセミナーには、集合型とオンライン（ミックス）型があります。それぞれに特徴がありますので、**自分に一番合った参加方法で参加することが大切**だと思います。

研修やセミナーの探し方についてですが、自治体が紹介しているもの以外では次のようなプラットホームで探すことができます。

①こくちーず（ホームページ）
②SENSEIイベントポータル（ホームページ）
③Twitter（SNS）
④Facebook（SNS）

Point

それぞれの特徴を活かして研修に参加しよう

マインドセット
整理整頓
事務処理 校務
学級経営
教材研究 授業準備
人間関係 自己成長

鉄則 97

将来の見通しを立てることを後回しにしない

10年後の自分は……

教員という職業は、朝から午後の3時や4時まで子どもたちと関わり、退勤までの残り少ない時間で膨大な業務をこなさなければなりません。そのような働き方では、目の前の業務に追われて、将来のことを考える暇もないのも現実だと思います。

しかし、本書の「『後回しにしない』仕事の鉄則」を実行することで、子どもたちと向き合う時間を生み出し、さらに自分と向き合う時間も生み出してほしいと私は願っています。そこではまず、**理想の10年後の自分について考えてほしい**のです。10年後、若手の人は中堅に、中堅の人はベテランに、ベテランの人は大ベテランに、大ベテランの人は退職後になったときの理想の状態を想像してみてください。

≫理想と現実のギャップ

私はまだ中堅です。諸先輩方には釈迦に説法だと自覚しておりますが、若造の戯言だと思っておつきあいください。アドラー心理学では、健全な劣等感は、自分を成長させるものだとされています。それは「優越性の追求」から生まれるものとされ、理想の自分と現実の自分とのギャップを埋めようとすることで努力や成長ができるのだそうです。10年後の自分はどのような教員になっていたいか、どのような教員人生を送っていたいかという理想と今の現実を比較することで、これから自分が何をするべきかという見通しが立てられるようになります。私は初任の時代に「10年後に書籍を出せるくらい力と実績を積む」と見通しを立てました。その理想と当時の現実のギャップを埋める努力をして、私の初出版は9年目で達成されることとなりました。

Point

理想の10年後を思い描いて、何をすべきか見通しを立てよう

鉄則 98

読書を後回しにしない

≫STOP! 積読

積読という言葉を聞いたことはありますか。積読と書いて「つんどく」と読むそうです。これは、呼んでいない本を平置きでどんどん積んでいく、つまりとりあえず「積んどく」状態のことを指すそうです。うまいこと言うなぁ！　と思いましたが、読書が後回しになる原因は、この積読にあると思います。

なぜ積読が読書を後回しにする原因になるかというと、それは2つ考えられます。まず1つ目は、積読状態の本が背景化してしまっていること。そして2つ目は、本を積んで固めているため、その積まれているところに行かなければ本を手に取ることができないことです。

≫やろう！　置読

実は、私は読書が苦手なのです。そのため、読書を後回しにしてしまうことがよくありました。そんな私が、無理なく読書をできるようになった方法を紹介します。

それは**置読（おいとく）**という方法です。これは私がネーミングした方法ですが、家のあらゆる場所に本を置いておくだけです。例えば、寝室の枕の横、トイレの中、リビングの机、車の中などに本を置いておくのです。寝室の枕の横に置いておけば、寝る前に読むことができます。トイレに置いておけば、トイレをしながら読むことができます（汚くてすみません）。車の中に置いておけば、運転の休憩中に読むことができます。私のように読書が苦手な人は、まとまった時間をつくろうとすると読書を後回しにしてしまいがちなので、このような「ついで読み」がベストだと思っています。

Point

置読で、ついで読みができるような環境にしよう

鉄則99

遊ぶことを後回しにしない

≫「仕事のために休む」日本人

何度もいいますが、教員という仕事は、本当に多忙です。月曜日から金曜日まで息つく暇もないほど目の前の仕事に追われ、さらには休日に学校に来て教材研究や授業準備をしたり、中学校や高校では部活動を担当したりしている人もいます。

私が7年目のときです。同勤していたALTの先生と休日の過ごし方を話していたときに、こう言われました。「日本人は仕事のために休んでいるよね。仕事が趣味なの？」私が呆気にとられていると、続けてこう言われました。「アメリカは**休日を充実させるために働いているよ**。やりたいことができるのって休日だから、休日を充実させた方が幸せ」この会話は、私にとって、とても衝撃的でした。

休日にわくわくする計画を立てる

思い返せば、たしかに私は、万全の状態で仕事をするために休日は寝だめをしていました。乱暴な言い方をすると、仕事のために休日をつぶしている状態でした。教職という仕事はとても好きでしたが、このような働き方はウェルビーイングでは決してありません。

そこで、このALTの先生のような考え方にシフトしてみることにしました。「休日何して遊ぼうかな」「家族とどこにでかけようかな」と、わくわくするような休日にしようと考えました。そうすると、平日も体力の限界まで仕事をすることなく、効率的に働くようになりました。また、仕事でつらいことがあっても、休日のわくわくがあることで、そのつらさを乗り越えることができます。身も心も充実していると、子どもたちにもゆとりをもって関わることができます。

Point

「仕事のために休む」のではなく、「休日を充実させるために仕事をする」

鉄則 100

アップデートを後回しにしない

愚痴や不満はアップデートのきっかけ

パソコンやスマホを使っていて、何か不満なことはありませんか。そのような不満は開発元に集約されます。そしてアップデートすることで、それらの不満を解消していくようになっています。

これは、人も同じだと思っています。あなたの職場に愚痴や不満ばかり言っている人はいませんか。「子どもや保護者が昔と違って……」「ICTが難しくて……」など、これらの愚痴や不満は、自分自身のマインドがアップデートされていないために出てくるものです。しかし、逆にいえば愚痴や不満はアップデートのきっかけになるということを忘れてはいけないのだと思います。

》脱・常識

それでは、アップデートに大切なことは何かというと、常識から脱することだと思っています。「教育とはこういうものだ」「こうしなければならない」「今までこうだったから」という**固定観念の打破**。「自分には無理だ」「勉強する時間がない」「異分子だと思われたくないからやめておこう」という**メンタルブロックの打破**が重要になってきます。

そのためには、教育に関係ない書籍にふれたり、異業種間で交流したり、常にアップデートしている教員に接触したりすることがおすすめです。教員という働き方は、他業種から見るととても不思議なものに見えていることがあります。また、常に研鑽しアップデートしている教員に接触すると、面白いアイデアが見つかることがあります。このようにして、自分に刺激を与える機会を増やしていくことがアップデートの鍵だと感じています。

Point

愚痴や不満はアップデートのタイミングのサイン

【著者紹介】

田中　翔一郎（たなか　しょういちろう）

1989年，佐賀県生まれ。佐賀県立佐賀北高等学校通信制から国立大阪教育大学へ進学。在学中は理科教育学を専攻し，子どもの概念形成について研究。その後，堺市の公立小学校に勤務。堺市初等教育研究会理科部に所属し，様々な実践を提案。一般社団法人日本理科教育学会にも所属。教員生活５年目に教育サークル COLORFREE を設立して，実践交流の場をつくる。その後，コロナ禍を機にオンライン教育サークル野山の会を設立し，オンラインで実践交流を進める。自身のサークル主催で「不登校」「若手教員のためのすぐできスキル」「職員室の机の整理整頓術」などをテーマに様々なセミナーを開催。

【著書】

『図解＆資料でとにかくわかりやすい　理科授業のつくり方』（明治図書）

教師のための「後回しにしない」仕事の鉄則

2023年７月初版第１刷刊 ©著　者　田　中　翔　一　郎

発行者　藤　原　光　政

発行所　明治図書出版株式会社

http://www.meijitosho.co.jp

（企画）茅野　現（校正）嵯峨裕子

〒114-0023　東京都北区滝野川7-46-1

振替00160-5-151318　電話03(5907)6702

ご注文窓口　電話03(5907)6668

＊検印省略　組版所　株 式 会 社 ア イ デ ス ク

Printed in Japan　ISBN978-4-18-229023-7